子どもの生活を支える
社会福祉

大塚良一／小野澤昇／田中利則
［編著］

ミネルヴァ書房

はじめに

　「保育」を学ぶ学生で，社会福祉を身近に感じている学生は少ない。また，保育所が社会福祉法人であることを理解して入学してくる学生も多くない。そのため，私たち教員は保育所が社会福祉施設の一つだということから伝えなければならない。さらに，「社会福祉」という言葉イコール「障害者」とのイメージをもっている学生も多く，社会的弱者とは何かとの理解から伝えなければならない。

　現代社会においては，格差社会がじょじょに浸透してきている。厚生労働省の2013（平成25）年「国民生活調査」では生活意識が「苦しい」とした世帯は59.9％になっている。さらに，子どもの貧困率は16.3％にもなっている。

　また，農林漁業を中心とする第1次産業は1950（昭和25）年には48.5％を占めていたが，2010（平成22）年には4.2％になっている。今後，TPP（環太平洋パートナーシップ協定）の進展によっては第1次産業が壊滅的な打撃を受けることが予想される。さらに，2013（平成25）年の農業就業者平均年齢は66.2歳（農林水産省統計部「農業構造動態調査」）であり，TPPの交渉次第では離農者が多くなることも予測される。農業は生産物だけでなく，田園など日本の原風景の基本となるもので，里山を中心とした自然を司るものである。自然が破壊された時代から放置された時代になると考えられる。次の世代を担う子どもたちを育成する保育士がこの問題に対してどのような姿勢で向きあうのかは，私たちの未来を託すものでもある。

　さらに，このような時代の流れのなかで，保育士には子どもの専門家としての役割が付与されている。では，子どもの専門家とは何だろうか。グリーンウッド（Greenwood, E.）は「専門職としての職業と非専門職としての職業との間の相違は，質的なものではなく量的なものだ，ということである。厳密にいうと，これらの属性は専門職だけがもっている独占物ではなく非専門職もこれらの属性をもっているが，ただその程度が少ないだけなのである」といってい

る。つまり，子どもの専門家としての保育士は「子ども」という対象に対して多くの知識とともに，かかわりをもつことであり，さらに，つけくわえると，そのなかで子どもに関して自分なりの考え方（哲学）をもつことである。

　保育士にとって「社会福祉」は自らのルーツを知る教科でもある。「保育を必要とする」とは何か，養護，育児，子どもとは何かを知るところである。さらに，私たちが住んでいる社会の成り立ちや，そのなかで発生している社会問題，社会政策を考えるところでもある。

　本書のコンセプトは，保育士養成基準に沿いつつ，「事例」「コラム」「エピソード」「用語解説」「振り返り問題」等を活用することによって，初学者にとってわかりやすいテキストとして構成すること。また，保育士として必要な社会福祉の基礎的内容を理解し，同時に，つねに保育士という視点に戻ることによって学びを深めること。さらに，テキスト作成に使用する用語や説明は難解な表現は避け「わかりやすく」を基本とした。多くの保育を学ぶ学生が，少しでも社会福祉に関して学ぶ意欲がもてるよう「現場」を大切に編集した。

　本書が次の世代を育成する，保育士の学びに活用されることを念願している。

平成26年11月

編著者一同

子どもの生活を支える社会福祉

目　次

はじめに

第1章　社会福祉の概念と課題 … 1

第1節　社会福祉とは … 1
（1）資本主義社会と社会福祉　2
（2）社会福祉の背景　4
（3）社会福祉と社会保障　5

第2節　社会福祉の定義と対象 … 6
（1）社会福祉の定義　6
（2）社会福祉の対象　9

第3節　保育士が社会福祉を学ぶ意義 … 10
（1）保育士の専門的知識　10
（2）子どもの最善の利益　11
（3）保育所と社会福祉　12

第4節　社会福祉と人権擁護 … 13
（1）エンパワメントの援助活動　14
（2）アドボカシー　15
（3）セルフヘルプグループ　15
（4）保育士と権利擁護　16

第2章　現代社会と子どもの現状 … 19

第1節　少子高齢化社会の現状 … 19
（1）日本の人口の推移　19
（2）わが国の人口動態と少子高齢化傾向の現実　21

第2節　産業構造の変化と諸外国の動向 … 22
（1）私たちの生活と産業構造の変化　22
（2）諸外国の動向——日本との比較検討　25

第3節　家族形態の変化と社会問題 … 28
（1）家族の形態　28

　　　　（2）日本の家族構成の現状　29
　　　　（3）高齢者のいる家族世帯の現状　29
　　　　（4）児童のいる家族世帯の現状　32
　　　　（5）単身家族の増加　32
　　　　（6）家族の所得の現状と貧困問題　33
　　第4節　子どもの現状と社会福祉……………………………………36
　　　　（1）子どもたちの生活環境　36
　　　　（2）待機児童問題と新たな子育て支援対策　36

第3章　社会福祉の歴史的変遷……………………………………39
　　第1節　日本の社会福祉の歴史……………………………………39
　　　　（1）わが国の慈善事業の始まり　39
　　　　（2）明治期から昭和期戦前・戦中　40
　　　　（3）第2次世界大戦終結から1960年代までの変遷　43
　　　　（4）少子高齢化時代をむかえ　45
　　　　（5）社会福祉基礎構造改革　45
　　　　（6）児童の福祉から児童と家庭の福祉へ　46
　　第2節　イギリスの社会福祉の歴史…………………………………47
　　　　（1）近代までの歩み　47
　　　　（2）19世紀から今日への歩み　49
　　第3節　アメリカの社会福祉の歴史…………………………………51
　　　　（1）植民地時代から第2次世界大戦まで　51
　　　　（2）第2次世界大戦後から今日まで　53
　　第4節　ノーマライゼーションの理念と歴史的展開………………53
　　　　（1）ノーマライゼーションとは　53
　　　　（2）ノーマライゼーションの発展とわが国の動向　54

第4章　社会保障制度の理念と体系………………………………59
　　第1節　社会保障制度とは何か……………………………………59

　　　　（1）資本主義社会と生活問題　60
　　　　（2）資本主義社会と社会保障制度　62
　　第2節　現代日本における社会保障制度の体系 …………………… 63
　　　　（1）社会保障制度の財源　64
　　　　（2）社会保障制度の概要　66
　　第3節　社会保険と公的扶助の相違 …………………………………… 71
　　　　（1）社会保障制度の目的　71
　　　　（2）社会保障制度と社会保険　72
　　　　（3）社会保障制度と公的扶助　74

第5章　社会福祉の制度と法体系 ……………………………………… 78
　　第1節　社会福祉の実施機関 …………………………………………… 78
　　　　（1）社会福祉の主な法律とその概要・目的　78
　　　　（2）社会福祉を支える行政の仕組みと実施機関　80
　　　　（3）関係する機関　82
　　第2節　社会福祉法と児童福祉法 ……………………………………… 87
　　　　（1）社会福祉法　87
　　　　（2）児童福祉法　88
　　第3節　その他の法制度 ………………………………………………… 89
　　　　（1）高齢者福祉の法制度　89
　　　　（2）障害者福祉の法制度　93

第6章　社会福祉施設の仕組みと行財政 …………………………… 99
　　第1節　措置費と契約制度 ……………………………………………… 99
　　　　（1）社会福祉事業と措置制度　99
　　　　（2）契約制度への移行　101
　　　　（3）契約利用とケアマネジメント　104
　　第2節　社会福祉法人とNPO法人 …………………………………… 104
　　　　（1）社会福祉法人とは　104

　　　　（2）ボランティア　*105*
　　　　（3）NPO法人の組織と役割　*105*
　　第3節　苦情解決制度 ……………………………………………………… *107*
　　　　（1）苦情解決制度とその意義　*107*
　　　　（2）苦情解決制度の仕組み　*109*
　　　　（3）苦情解決の流れ　*111*
　　第4節　福祉計画と財政 ……………………………………………………… *113*
　　　　（1）福祉計画と行財政の歴史的変遷　*114*
　　　　（2）新たな福祉計画の枠組み　*115*

第7章　社会福祉施設の機能と役割 ……………………………… *119*

　　第1節　社会福祉施設の役割 ……………………………………………… *119*
　　　　（1）社会福祉施設とは　*119*
　　　　（2）社会福祉施設の形態　*120*
　　第2節　社会福祉施設と社会福祉事業 …………………………………… *122*
　　　　（1）社会福祉事業の体系　*122*
　　　　（2）児童福祉施設の概要　*122*
　　　　（3）障害者総合支援法における児童施設　*125*
　　第3節　社会福祉施設の概要 ……………………………………………… *126*
　　　　（1）社会福祉法人の概要　*126*
　　　　（2）主な社会福祉施設　*126*
　　第4節　児童福祉施設と保育士の役割 …………………………………… *129*
　　　　（1）乳児院　*130*
　　　　（2）母子生活支援施設　*130*
　　　　（3）児童養護施設　*131*
　　　　（4）情緒障害児短期治療施設　*132*
　　　　（5）児童自立支援施設　*132*
　　第5節　児童福祉施設の方向と課題 ……………………………………… *132*
　　　　（1）児童福祉施設　*132*

　　　　（2）障害児入所施設　　133
　　　　（3）里親制度　　134

第8章　社会福祉における相談援助 …………………… 136
第1節　相談援助とは何か ……………………………… 136
第2節　相談援助の意義 ………………………………… 137
第3節　相談者に期待される資質 ……………………… 138
　　　　（1）保育士の役割　　138
　　　　（2）自己覚知の必要性　　138
第4節　相談援助の対象 ………………………………… 139
　　　　（1）子どもを対象とする相談援助　　139
　　　　（2）保護者を対象とする相談援助　　140
　　　　（3）地域在住の一般の子どもや保護者を対象とする相談援助　　141
第5節　相談援助の機能 ………………………………… 141
第6節　相談援助の原則 ………………………………… 143
第7節　相談援助の技術 ………………………………… 145
　　　　（1）直接援助技術　　145
　　　　（2）間接援助技術　　146
第8節　相談援助の展開過程と実際 …………………… 146
　　　　（1）事例：わが子のいじめを心配する母親からの相談　　147

第9章　社会福祉を支える専門職 ………………………… 156
第1節　社会福祉の専門職 ……………………………… 156
　　　　（1）専門職とは何か　　156
　　　　（2）社会福祉の専門職とは何か　　157
　　　　（3）社会福祉専門職の資格制度の成り立ち　　159
第2節　社会福祉専門職 ………………………………… 160
　　　　（1）保育士　　160
　　　　（2）社会福祉士・介護福祉士・精神保健福祉士　　161

　　　　（3）介護支援専門員　*163*
　　　　（4）その他の子どもや家庭の福祉を支える主な資格　*164*
　　第3節　専門家の連携とネットワーク ································· *165*
　　　　（1）施設内での連携の重要性　*167*
　　　　（2）関係機関との連携　*167*
　　第4節　専門職としての保育士の役割と課題 ························ *169*

第10章　権利擁護と自立支援 ································· *173*

　　第1節　権利擁護とは ··· *173*
　　　　（1）権利とは何か　*175*
　　　　（2）アドボカシー　*175*
　　　　（3）エンパワメント　*176*
　　第2節　権利擁護と児童福祉施設 ··· *176*
　　　　（1）権利擁護と児童福祉施設　*176*
　　　　（2）権利侵害と児童福祉施設　*180*
　　第3節　自立支援 ·· *182*
　　　　（1）自立とは　*182*
　　　　（2）自立生活運動（IL運動）　*184*
　　第4節　児童福祉施設の自立支援 ··· *185*
　　　　（1）自立支援計画　*185*
　　　　（2）自立支援の実際　*186*

第11章　地域福祉の役割と課題 ································· *191*

　　第1節　地域福祉とは ··· *191*
　　　　（1）地域福祉の歴史　*192*
　　　　（2）地域福祉のとらえ方　*193*
　　第2節　地域福祉を担う主体 ··· *195*
　　　　（1）社会福祉協議会　*195*
　　　　（2）民生委員・児童委員　*197*

　　　　（3）地域包括支援センター　*197*
　　　　（4）福祉施設　*198*
　　　（5）特定非営利活動法人（NPO法人）　*198*
　第3節　保育士と地域福祉 …………………………………………… *199*
　第4節　児童福祉の担い手としての保育士 …………………………… *201*
　　　　（1）地域における子育て支援　*201*
　　　　（2）地域福祉の充実に向けて　*202*

おわりに　*207*
索　　引　*209*

第 1 章
社会福祉の概念と課題

> **本章のポイント**
>
> 保育士は保育所に勤めることだけが仕事と思っている人はいませんか。
> 保育を学ぶ学生の多くはその就職先として，保育所を思い浮かべます。しかし，学生のなかには，保育実習Ⅰ施設実習を終えて「施設実習をとおして，児童養護施設で働いてみたいと思うようになりました」といってくる学生もみられます。
> 本章では，保育士にとって必要な社会福祉の概念とその課題について学びます。

第1節　社会福祉とは

　「福祉」という言葉を考えてみると，「福」はしあわせという意味をもち，「祉」にもさいわいという意味があり，「福祉」には「幸福」という意味がある。さらに，「福祉」という言葉の背景には幸福を追求するための社会的な方策や努力が必要であり，それを「社会福祉」という。

　また，経済的に裕福であれば幸福であると感じるのかというと，そうとはいえないものがある。コラムは国連による「世界幸福度報告書」である。世界一の経済大国アメリカは17位，2位の中国は93位，3位の日本は43位になっている。

---- コラム ----

世界幸福度報告書

「世界幸福度報告書」は2011（平成23）年に国連で決議されたもので，国連加盟国の幸福度調査を行い，結果を公共政策に活かすことを呼びかけたものです。2013（平成25）年からは毎年3月20日が国連幸福デーとなっています。「世界幸福度報告書2013」の上位10か国は，1．デンマーク，2．ノルウェー，3．スイス，4．オランダ，5．スウェーデン，6．カナダ，7．フィンランド，8．オーストリア，9．アイスランド，10．オーストラリアです。この調査は国連加盟国156か国に住む人の幸福度をまとめたもので，世界一の経済大国アメリカは17位，2位の中国は93位，3位の日本は43位になっています。

出所：「happy ——しあわせを探すあなたへ」（http://www.happyrevolution.net/）2014年10月1日閲覧，から一部引用。

　福祉は英語では「Welfare」として使われている。「Welfare」は「Well」と「fare」が一つになった用語で「Well」には「裕福に」とか，「順調に」などの意味があり，「fare」には「やっていく」，「暮らしていく」などの意味がある。このことから，「社会福祉」という言葉には，人びとの暮らしを豊かにするための社会の努力や，そのための政策，制度，実践がふくまれている。

（1）資本主義社会と社会福祉

　厚生労働省2010（平成22）年「産業別就業者数の変化」によると，日本の農業等の第1次産業人口は約4％になっている。農業や漁業，林業を中心とした第1次産業は近代化のなかで減少し，第2次産業，第3次産業に移行している。このような状況のなかで，従来の土地の共有や地縁，血縁を中心とした村落共同体は崩壊し，多くの人が職業を選択し，職に就き賃金を得て，自らの生活を家族とともに営んでいる。また同様に会社を経営する側と，働く側に分かれ，働く側は報酬として賃金を，経営する側はその余剰の利益を得ることができる。このような社会を資本主義社会という。

　マルクス（Marx, K.）は，自由競争は必然的に独占を生み出すと述べている。また，その後の研究では資本主義の発展段階は産業資本主義から独占資本主義，

国家独占資本主義へと発展していくとしている。国家独占資本主義とはその名のとおり、独占資本と国家が結びついた形である。国家独占資本主義の特徴は強い経済的・政治的影響力をもつ巨大な企業や企業集団が国家の政策的介入や規制（状況によっては規制緩和）によって独占的高利潤（市場と価格を支配することにより得る超過利潤）を確保することにあり、高利潤を支える需要創出が高雇用政策や社会福祉政策という形態をとることもある。(1)

― コラム ―

国家独占資本主義の方向

　国家独占資本主義社会は世界経済の一体化（グローバリゼーション）の方向に進んでいます。グローバリゼーションには政治・経済的、文化的現象、実態と政策とイデオロギーという3側面があり、政治的に自由放任をよしとするイデオロギー（政治や社会のあるべき姿についての理念の体系）にもとづき、経済分野での自由化、規制緩和政策をおし進めています。アメリカを中心とする環太平洋戦略的経済連携協定 TPP（Trans-Pacific Strategic Economic Partnership Agreement）もその一環と考えられます。
　出所：社会福祉辞典編集委員会編『社会福祉辞典』大月書店、2002年、114頁、をもとに筆者作成。

　このような資本主義社会では、自立自助の原則、私的扶養の原則、公的扶助の原則の3つの原則がある。私たちは、賃金を得るために企業などに就労し、労働、雇用により得た賃金により自分と家族の生活を維持する。これが、自立自助の原則、私的扶養の原則である。しかし、この就労が、景気変動などその他によって不安定を免れ得ない。労働の意思と能力をもちながら失業を余儀なくされる層が大量化することにもなる。また、資本主義社会の自由競争のなかでの自然に発生する失業や、高齢者、年少者、障害者など労働に加わることができない人たちもいる。このような人たちの生存を確保するために公的扶助の原則がある。公的扶助の原則は社会福祉政策として実施され、国民の生存権に関する施策として行われている。

　1948（昭和23）年の国際連合総会で採択された「世界人権宣言」では第22条で「すべて人は、社会の一員として、社会保障を受ける権利を有し、かつ、国

家的努力及び国際的協力により、また、各国の組織及び資源に応じて、自己の尊厳と自己の人格の自由な発展とに欠くことのできない経済的、社会的及び文化的権利を実現する権利を有する」とし、第25条で「すべて人は、衣食住、医療及び必要な社会的施設等により、自己及び家族の健康及び福祉に十分な生活水準を保持する権利並びに失業、疾病、心身障害、配偶者の死亡、老齢その他不可抗力による生活不能の場合は、保障を受ける権利を有する」と規定している。

わが国では**日本国憲法第25条**で「すべて国民は、健康で文化的な最低限度の生活を営む権利を有する。国は、すべての生活部面について、社会福祉、社会保障及び公衆衛生の向上及び増進に努めなければならない」とし、国民の生活に対して国の役割を明記している。

コラム

生存権（平和的生存権）

生存権とは自由権のなかの一つで個人の生存を国が不当に侵害してはならないといった消極的な意味から、積極的に個人の生存の維持・発展に役立つ諸条件を確保するため、国の公共的配慮が求められ、そこから国民に期待される地位をいうようになっています。

ここには国民の生きる権利とともに、他者の手で殺されない権利もふくまれています。1966年に国際連合総会で採択され、1976年に発効された**国際人権規約**では「すべての人間は、生命に対する固有の権利を有する。この権利は、法律によって保護される。何人も、恣意的にその生命を奪われない」としています。また、日本国憲法にもその前文に「われらは、全世界の国民が、ひとしく恐怖と欠乏から免かれ、平和のうちに生存する権利を有することを確認する」とあります。生存権には他者の手で殺されないという、平和社会の維持が必要であり、それぞれの国が平和的に存在することが基本になります。

出所：社会福祉辞典編集委員会編『社会福祉辞典』大月書店、2002年、325頁を参考に筆者作成。

（2）社会福祉の背景

日本において、「社会福祉」という言葉が本格的に使われたのは戦後になっ

てからである。それまでは,「社会事業」という言葉が一般的に使われていた。戦前においては1874（明治7）年の恤救（じゅっきゅう）規則から，1929（昭和4）年救護法を中心とする救済制度と，その時々に行われる範囲が限定される公的社会事業,また，社会的弱者を対象とした私的社会事業が社会事業として行われていた。さらに，1937（昭和12）年に日中戦争が勃発（ぼっぱつ）し，戦時下である1938（昭和13）年に社会事業法が成立するが，その後，戦争終了時まで社会福祉事業は「厚生事業」と呼ばれ，軍事援助事業に組み込まれていった。

三浦文夫は「画期的なことは，戦後の社会福祉が憲法第25条第2項の規定をうけ，社会福祉が国民の生存権保障の一環として位置づけられ，そして社会福祉の確立についての国家責任が明確化されたことである。これは戦前の社会事業とは決定的に異なる点である(2)」といっている。

このように，わが国の社会福祉政策は，まず，戦後の国民の生存権保障のための一環として社会福祉を位置づけたことから始まった。

（3）社会福祉と社会保障

日本国憲法第25条で「国は，すべての生活部面について，社会福祉，社会保障及び公衆衛生の向上及び増進に努めなければならない」とし，社会福祉，社会保障，公衆衛生の順に記述している。

しかし，1950（昭和25）年の社会保障制度審議会「社会保障制度に関する勧告」では，「社会保障制度とは，疾病，負傷，分娩，廃疾，死亡，老齢，失業,多子その他困窮の原因に対し，保険的方法又は直接公の負担において経済保障の途を講じ，生活困窮に陥った者に対しては，国家扶助によって最低限度の生活を保障するとともに，公衆衛生及び社会福祉の向上を図り，もってすべての国民が文化的社会の成員たるに値する生活を営むことができるようにすることをいうのである」とし，社会福祉については「社会福祉とは，国家扶助の適用をうけている者，身体障害者，児童，その他援護育成を要する者が，自立してその能力を発揮できるよう，必要な生活指導，更生補導，その他の援護育成を行うことをいうのである」としている。

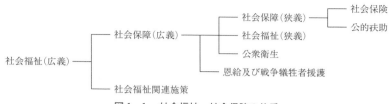

図1-1　社会福祉・社会保障の体系
出所：宇山勝儀他『三訂　社会福祉概論』光生館，2010年，109頁。

　これにより「社会福祉」の意味が，生活関連の公共施策を総称する広義のものと，自立を困難にさせている人びとへの施策とする狭義のものに分かれてきたことが理解できる。
(3)

　これを整理したものが図1-1の「社会福祉・社会保障の体系」である。

第2節　社会福祉の定義と対象

　広義の社会福祉の公共施策は社会福祉事業，社会福祉サービスとして社会福祉施設施策や在宅支援サービスなどを中心として展開されている。また，狭義の社会福祉は自立困難にさせている人びと，生活困窮に陥っている人びとへの行動変容を及ぼす支援・援助でありソーシャルワークという。これは，専門職であるソーシャルワーカーを中心に展開されてきている。

（1）社会福祉の定義

　社会福祉の定義についてはそれぞれの立場から，表1-1のように8つに分け整理できる。

　社会福祉は，社会，経済，国民の生活の変化にともなって，それぞれの立場から社会福祉の定義がなされている。いくつかの社会福祉についての定義を紹介する。

【孝橋正一（1912～1999年）】

　「社会事業とは，資本主義社会の維持存続を前提とする，しかもその構造的

表1-1　社会福祉の観点と研究者

観　点	主な研究者	観　点	主な研究者
政策論的立場	孝橋正一，浅沼和典	生活論的立場	岡村重夫，一番ケ瀬康子
技術論的立場	竹内愛二，谷川貞夫（他）	社会福祉学的立場	田代不二男，松村常雄（他）
制度論的立場	竹中勝男，雀部猛利	社会学的立場	磯村英一，森永松信（他）
運動論的立場	嶋田啓一郎，高島巌，糸賀一雄	人権論的立場	小川政亮

出所：田代国次郎『社会福祉研究入門』童心社，1971年，39〜65頁をもとに筆者作成。

必然として生成する，ある種の社会問題に対する公私の社会的対策体系の一形態である」と規定している。さらに，「この規定のうちには，その対象が労働者階級であって，その限りにおいて，それを社会問題の担い手として厳密に規定していること，したがってそのことを捨象した単なる人間や人間関係の調整活動などではありえないこと，資本主義体制の恒久持続性への期待が前提及び目的・役割として含まれることが，社会事業の概念を正しく理解するうえで決定的に重要な契機となっている[4]」といっている。

【竹中勝男（1898〜1956年）】

「個々での研究で意図している社会福祉は，社会保障や公衆衛生と同列におかれた狭義の社会福祉ではなくて，この二つを包含し総合する広義の社会福祉一般として，或いは社会政策や社会事業や保健衛生政策や社会保障制度の根底に共通する政策目標として，或いは又これらの政策や制度が実現しようと目指している目的の概念としてのそれである[5]」といっている。

【岡村重夫（1906〜2001年）】

「社会福祉は，社会関係の客体的側面にかかわる専門分業的な他の生活関連施策とは違って，生活主体者による生活困難克服の努力を援助することである。言いかえれば，全ての個人が，社会関係の主体的側面の論理を実現するように援助することである[6]」といっている。

【一番ケ瀬康子（1927～2012年）】

「日常生活要求（ニーズ）そのものは，私見によると一応つぎの3つのレベルで捉えることができる。①基本的生活要求（Basic Needs）食，住，衣，保健衛生などに関する要求。②社会的生活要求（Social Needs）家族，隣人，友人，仲間，職業などに関する要求。③文化的生活要求（Cultural Needs）遊び，レクリエーション，趣味，学習などに関する要求。福祉とは以上3つのレベルの要求を，それぞれの人の人権に基づき，生活の全面的な営みにおいて具現化していくものであろう。また単に福祉といった場合は，インフォーマルな個人的努力も含めて捉えるが，社会福祉という場合には，社会的努力を意味する。そしてそのなかには，制度的努力のみならず，ボランタリーな努力も含まれるのである[7]」といっている。

エピソード

孤独死・衰弱死

誰にもみとられないで家の中で，一人で死んでいく孤独死の問題が社会問題化しています。2005（平成17）年9月，千葉県松戸市の団地内での孤独死がNHKで放映され反響を呼びました。衰弱死では，2012（平成24）年2月には餓死が疑われる状態で（60歳代男性，60歳代女性，30歳代男性）の遺体が発見されました。また，立川市のマンションでも45歳の母親と4歳の男児（知的障害）が遺体で発見されました。さらに，2013（平成25）年11月大阪市東淀川区の団地一室で31歳の女性が餓死とみられる状況で死亡していました。

ニッセイ基礎研究所の調査によると「全国において年間15,603人（男性10,622人，女性4,981人）の高齢者が死後4日以上を経て発見される状態で亡くなっていることになる」と発表しています。

出所：廣渡健司『孤独死のリスクと向き合う』ニッセイ基礎研究所，2012年より一部引用。

孝橋正一の「社会事業とは，資本主義社会の維持存続を前提とする」ということをふまえて，田代国次郎は「社会福祉とは，そのおかれている社会体制のなかから派生するさまざまな社会的不平等，貧困，病気，障害，その他あらゆる生活危機をもたらす諸矛盾に対し，人間としての基本的な生活権利を発揮で

きるように仕向ける公私の社会的政策と，その科学的援助技術及び運動の体系である」といっている。この「人間としての基本的な生活権利を発揮できるように仕向ける公私の社会的政策」とは，社会福祉を利用する人たちは，社会のなかで落伍者，怠け者などのスティグマを負い，自らの苦悩，困窮を伝えることができない状況に陥る可能性が高いことをふまえてのものである。

（2）社会福祉の対象

社会福祉は資本主義社会の維持存続の役割をもっている。かつて社会福祉の対象は，イギリスのベバリッジ（Beveridge, W. H.）により，1942（昭和17）年に提出されたベバリッジ報告（社会保険および関連するサービス）のなかで，貧困に関する5つの原因として，貧困，疾病，不潔，無知，怠惰（失業）を「5つの巨人悪」と呼び，所得保障はこの5つの巨人に対する総合的な社会政策の取り組みの一部としてこそ有効であるとした。

社会福祉の対象を「資本主義社会における構造的矛盾として生み出される社会問題としての生活問題」としてとらえると現在の問題はより複雑化してきている。中谷巌は「資本主義社会とは，資本の増殖を目的としたあくなき利益追求を是認するイデオロギーである。その資本主義が，旧社会主義国の崩壊による巨大市場の開放とIT技術の飛躍的発展によって，グローバル資本主義という『モンスター』へと変貌した」といっている。さらに，「そのモンスターが国境を越えて派手に活動することによって，人間社会は分断され，自然は破壊され，やがてモンスターは自らも蝕んでしまうことになった」として，世界経済の不安定化，所得格差の拡大，地球環境破壊を挙げている。また，このような現況のなかでは「国内の所得格差をなくす，貧困率を下げる，人々が心のよりどころとすることができる中間的組織を支援する，環境規制を徹底的に行い，『森林国家宣言』をし，自然との共生を実践していくということを一つ一つやっていくしかない」といっている。

― コラム ―

格差社会

　平成24年度版厚生労働白書では「貧困線（等価可処分所得の中央値の半分）に満たない世帯員の割合を示す『相対的貧困率』や，所得分配の不平等度を示す『ジニ係数』は上昇している。相対的貧困率については，2009（平成21）年の貧困線は112万円（実質値）であり，『相対的貧困率』は16.0％となっている。また，『子どもの貧困率』（17歳以下）は15.7％となっている。これらの内訳を見ると，『子どもがいる現役世帯』（世帯主が18歳以上65歳未満で子どもがいる世帯）では，14.6％となっており，そのうち『大人が一人』の世帯員では50.8％，『大人が二人以上』の世帯員では12.7％となっている」としています。

　※相対的貧困率とは世帯所得をもとに国民一人ひとりの所得を計算して順番に並べ，真ん中の人の所得の半分に満たない人の割合をいいます。
　※ジニ係数とは不平等度を示す数値で，0が完全平等であり1が完全不平等になります。日本のジニ係数は2008年では所得再分配前の数値は0.462，再分配後は0.329になっています。
　出所：厚生労働省『平成24年度版厚生労働白書』173頁。

　国税庁「民間給与実態調査」によると，1年を通じて勤務した給与所得者4,556万人について，給与階級別分布（平成24年分）をみると，200万以下の階層が1,090万人（23.9％），男性でも294万人（10.8％）になっている。

第3節　保育士が社会福祉を学ぶ意義

（1）保育士の専門的知識

　保育士は児童福祉法第18条の4で「専門的知識及び技術をもつて，児童の保育及び児童の保護者に対する保育に関する指導を行うことを業とする者をいう」となっている。これは子どもの専門家としての保育士の役割を示している。
　また，保護者に対して，子育てに関しての指導を行うことが保育士に求められている。ここでいう専門的知識とは，子育て，子どもに対する心理，発達段階などの知識とともに，**社会資源**，社会的ネットワークなどの社会福祉の知識である。

（2）子どもの最善の利益

　同様に，保育所の役割は何かを考えてみると，保育所保育指針では保育所保育の目的として「保育所は，児童福祉法第39条の規定に基づき，保育に欠ける子どもの保育を行い，その健全な心身の発達を図ることを目的とする児童福祉施設であり，入所する子どもの最善の利益を考慮し，その福祉を積極的に増進することに最もふさわしい生活の場でなければならない」としている。さらに，その役割のなかで「保育所は，入所する子どもを保育するとともに，家庭や地域の様々な社会資源との連携を図りながら，入所する子どもの保護者に対する支援及び地域の子育て家庭に対する支援等を行う役割を担うものである」と明記している。

コラム

児童の権利に関する条約　第3条

　1　児童に関するすべての措置をとるに当たっては，公的若しくは私的な社会福祉施設，裁判所，行政当局又は立法機関のいずれによって行われるものであっても，児童の最善の利益が主として考慮されるものとする。
　2　締約国は，児童の父母，法定保護者又は児童について法的に責任を有する他の者の権利及び義務を考慮に入れて，児童の福祉に必要な保護及び養護を確保することを約束し，このため，すべての適当な立法上及び行政上の措置をとる。
　3　締約国は，児童の養護又は保護のための施設，役務の提供及び設備が，特に安全及び健康の分野に関し並びにこれらの職員の数及び適格性並びに適正な監督に関し権限のある当局の設定した基準に適合することを確保する。

出所：外務省「子どもの権利に関する条約全文」から抜粋。

　この子どもの最善の利益に関して，保育所保育指針解説書では「1989年に国際連合が採択し，1994年に日本政府が批准した児童の権利に関する条約（通称「子どもの権利条約」）の第3条第1項に定められています。子どもの権利を象徴する言葉として国際社会等でも広く浸透しており，保護者を含む大人の利益が優先されることへの牽制や，子どもの人権を尊重することの重要性を表しています」としている。

(3) 保育所と社会福祉

　日本の保育所の起源はどこにあるのか。日本最初の保育所は，赤沢鐘美（あつとみ）（1864～1937年）が，1890（明治23）年新潟市に小中学校課程を教える新潟静修学校を設立。新潟静修学校は幼い兄弟や他家の乳幼児の子守のため学校に通えない子どもたちのためにつくられた子守学校で，仲子夫人が新潟静修学校に保育施設を付設した（1908〔明治41〕年に「守孤扶独幼稚児保護会（しゅこふどくようちじほごかい）」に改称）。これが日本最初の常設保育所である。

― エピソード ―

熱い胸と冷たい頭

　元日本女子大学名誉教授の一番ケ瀬康子は「私は常に，かつてイギリスの経済学者であり，同時にイギリスで社会事業学校の校長であったアルフレッド・マーシャルの言葉を自らの戒めとしてきた。それは"熱い胸と冷たい頭"というモットーである。社会福祉と言う一つの領域を，どんなに冷たい頭で分析しても，あるいは認識しようとしても，そこからは何も生まれない。法則はつかめても意味はない。問題は，人間への，一人ひとりの熱い思いが前提になければ，どうするかということへの積極的な意味も工夫も生じない。その点において，社会福祉を学ぶものはやはり人間好きで，いろいろな意味で熱い胸が自らに存在する人々である」といっています。

　出所：アエラ編集部編『新版・社会福祉学が分かる』アエラムック，2003年，8頁より一部引用。

　さらに，1900（明治33）年にはクリスチャンであった野口幽香（ゆか）（1866～1950年）と森島峰（美根）は，麹町（こうじまち）から，華族女学校付属幼稚園に通う通勤途中にみていた，道端で地面に字を書いて遊んでいる子どもにフレーベル（Fröbel, F.）の教育を与えたいと話しあい，保育の必要性を考えるようになった。その後，野口と森島の二人は番町教会で宣教師ミス・デントンに相談した。女史は募金のために慈善音楽会開催に尽力したことがきっかけで「貧民幼稚園」を創設する。その後，四谷に移転し「二葉幼稚園」から「二葉保育園」へ改称されていく(10)（野口幽香に関しては第3章参照）。

　保育者が対象にする子どもには社会的養護の子どもたち（保護者のない児童や，

保護者に監護させることが適当でない児童）や，障害や発達に遅れのある子どもたちもいる。そのような子どもたちの支援制度や社会福祉施策は保育士がそなえなければいけない社会福祉に関する専門的知識の一つでもある。同時に，これから保育士として活躍していくなかで，いろいろな専門家と子どもについて学んでいかなければならない。そのなかに，共通して流れているのが社会福祉の知識であることを認識していただきたい。

第4節　社会福祉と人権擁護

　社会福祉は広く，一般住民の生活関連に関する公共政策全般を対象にするものと，自立を困難にされている人びとを対象とする狭義のものがある。狭義の社会福祉の対象者は「社会的弱者」と呼ばれる人たちである。

――― エピソード ―――

現代社会における社会福祉の対象

　元東北福祉大学教授の田代国次郎は戦後の日本国憲法によると，その前文には「恒久の平和を念願し」，さらに「平和のうちに生存する権利を有する」として，具体的に「すべての国民は，健康で文化的な最低限度の生活を営む権利」があると明記し，それを「国の保障義務」としています。ところが現実には「健康で文化的」な生活ができない。すなわち「人間らしく生きる権利」が侵害されているため，その「権利」が実現されていない主権者の市民（社会福祉ユーザー市民）が多数にのぼっているという現実があります。その中には子どもの貧困，成人者の貧困となる失業者，ホームレス，非正規労働者，ワーキングプア労働者，障害者，高齢者の貧困等枚挙にいとまがないほどであり，その結果は毎年3万人以上の「自殺」（社会的殺人）者が出現し，さらに餓死者，孤独死，心中等々も多発している状況であると述べています。

　自殺者数については，内閣府「自殺の統計」によると2011（平成23）年では3万651人，2012（平成24）年2万7,858人，2013（平成25）年2万7,283人とじょじょに減少してきていますが，2009（平成21）年度では3万2,845人にもなっていました。

　出所：田代国次郎『介護福祉実践の課題』社会福祉研究センター，2012年，3～4頁を参考に筆者作成。

　社会的弱者と呼ばれる人たちは，社会的集団のなかで，身体および身体能力，

健康，学歴などにより，その発言力が限定され，いちじるしく不利な生活立場におかれている人たちであり，同時に，負け組，怠け者，落伍者など烙印（スティグマ）を押されている。このような状態におかれている人たちは自らの発言力が弱くなっている（パワーレスネス）ため，助けを求めることがむずかしい状況にある。

社会福祉の支援はこのような状況に追い込まれている人の人権擁護の支援であり，その支援では，エンパワメントの援助活動とアドボカシー，当事者主体の小集団によるセルフヘルプグループによる活動が大切になってくる。

---― コラム ―

スティグマ（烙印）と閉鎖的施設

アメリカの社会学者ゴッフマン（Goffman, E.）は著書『アサイラム』のなかで精神病の患者が社会に出るときの退所不安に，「被収容者となって好ましからぬ前歴となる身分を身につけた場合，彼は包括社会で冷ややかな扱いを受けることがある―元被収容者は，誰かに仕事とか住居を依頼しなければならないときに，このことを経験することになろう」といっています。退所の不安のなかには，社会的に好ましくない場所にいた前歴が社会の烙印付与となるため，そのことを匿そうと努めることが予想されることが，患者の退所不安にあることを指摘しています。

出所：ゴッフマン，E.／石黒毅訳『アサイラム――施設被収容者の日常生活』誠信書房，1984年，75頁。

（1）エンパワメントの援助活動

エンパワメント（Empowerment）とは，パワーレスネスに陥っている人がその状態から脱却可能であることを認識し，問題解決の主体者になるように支援するアプローチである。エンパワー（empower）とは「権限を与えること」であり，全米各地で展開された黒人の公民権運動にその源をみることができる。ソーシャルワークの領域においては，1976（昭和51）年にソロモン（Solomon, B.）が『黒人のエンパワメント（Black Empowerment）――抑圧されている地域社会によるソーシャルワーク』を著し，ソーシャルワーク分野でのエンパワメント支援の重要性を指摘した。[11]

2013（平成25）年12月12日付，朝日新聞に「31歳女性衰弱死なぜ」として，生活保護の相談に行って断られ衰弱死をした女性の記事が掲載されていた。そのなかで，餓死者にふれており，「厚生労働省の人口動態統計によると，昨年までの過去10年で毎年30人〜90人が餓死をしている」といっている。ケースワーカーに求められている支援は，パワーレスネスに陥った人の気持ちを理解し，その人の言葉一つひとつを大切にし，自らの発言が大切にされているという思いを共感し，周囲との関係調整をワーカー，クライエントがお互いに行っていく援助活動である。これは保育士として，保護者などと相談支援を行っていくなかでも大切なことである。

（2）アドボカシー

アドボカシー（advocacy）とは，エンパワメントを進めたもので，個人が周囲を変えていくなかで，その根本にある問題に対して「政策提言」や「権利擁護」などを行うことである。発言力が損なわれている人たちに対して，「代弁」していくことである。

1960年代の公民権運動の影響から，全米ソーシャルワーカー協会は特別委員会による報告書を提出してアドボカシーをクライエントの利益を擁護するものとしてソーシャルワークの機能に位置づけた。

（3）セルフヘルプグループ

セルフヘルプグループ（Self Help Group）は，自助グループ，相互支援グループとも呼ばれている。もともとはアルコール依存症の治療グループのなかで生まれたもので，何らかの問題を抱えている個人や家族などとともに，当事者同士の自発的つながりを大切にし，メンバー間での支援を交互に入れ替わり行うものである。

エピソード

当事者研究の実践

　北海道浦河町に精神障害などを抱えた当事者が，ともに話し合うことの力をもとに活動を行っている「べてるの家」があります。

　浦河赤十字病院の川村敏明さんは「病院という場が，そういう患者さんをつくってきたのだと私は思っています。例えば，向谷地さんのところに行って『幻聴が強いんです』と言っても，薬は増えないし，外出も止められない。退院も延びません。逆に感心されたり，感謝されたりしますから，患者さんは『ああ，話してよかった』，『私の話が伝わる人がここにいる』と，いくらでも話せるんです。しかし，精神科医の前でそんなことを話したら，『幻聴か。大変だね。じゃあ，ちょっと薬を変えておくからね』と薬を出されて，次の日から薬が効いて，話もできない，ぐたっとした状態になってしまいます。それを患者さんもわかっているから，ものを言わなくなる。『無口な精神病患者』というのは，そういう環境に適応しただけなんですよ」といっています。

　　出所：川村敏明「わきまえないと『治せない医者』」浦河べてるの家『べてるの家「当事者研究」』医学書院，2005年，256〜257頁から一部引用。

（4）保育士と権利擁護

　保育士には子どもの専門家としての役割が期待されている。保育士に求められている権利擁護とは，自己の権利を表明することが困難な子どもたちのニーズをつかみ代弁することである。

　「児童の権利」については「児童の権利に関する条約」が，1989（平成元）年11月20日に第44回国連総会において採択され，わが国は，1990（平成2）年9月21日にこの条約に署名し，1994（平成6）年4月22日に批准を行った（わが国については，1994年5月22日に効力が生じている）。

　これを受けて，1994（平成6）年に文部事務次官通知「児童の権利に関する条約」について，が出されている。

　また，厚生労働省では「児童の権利に関する条約」第19条1に「締約国は，児童が父母，法定保護者又は児童を監護する他の者による監護を受けている間において，あらゆる形態の身体的若しくは精神的な暴力，傷害若しくは虐待，放置若しくは怠慢な取扱い，不当な取扱い又は搾取（性的虐待を含む。）からそ

の児童を保護するためすべての適当な立法上、行政上、社会上及び教育上の措置をとる」を受けて、1996（平成8）年度には、「子ども虐待防止の手引き」が作成された。1999（平成11）年5月18日に子どもの権利を擁護するため「児童買春、児童ポルノに係る行為等の処罰及び児童の保護等に関する法律」（平成11年法律第52号）が成立し、5月24日に公布され、11月1日に施行された。

さらに、2000（平成12）年5月17日に、子どもに対する虐待の禁止、児童虐待の定義、虐待の防止に関する国及び地方公共団体の責務、虐待を受けた子どもの保護のための措置等を定め、虐待の防止等に関する施策の推進を図ろうとする「児童虐待の防止等に関する法律」（平成12年法律第82号）、通称「児童虐待防止法」が成立し、5月24日に公布され、11月20日より施行された。この法律のなかで、子ども虐待防止対策の基本的考え方として「子ども虐待は、子どもに対する最も重大な権利侵害である」とし、つねに「子どもの最善の利益」への配慮を基本理念とすることが挙げられている。

【用語解説】

日本国憲法……日本国憲法は、国民主権、基本的人権の尊重、平和主義の3大原理を基礎としており、第13条において生命、自由及び幸福追求権の尊重、第25条で生存権を規定している。

> ※第13条　すべて国民は、個人として尊重される。生命、自由及び幸福追求に対する国民の権利については、公共の福祉に反しない限り、立法その他の国政の上で、最大の尊重を必要とする。

国際人権規約……国際人権規約は大きく社会権規約（経済的、社会的及び文化的権利に関する国際規約）と、自由権規約（市民的及び政治的権利に関する国際規約）に分かれている。

スティグマ（烙印）……犯罪者などに押された焼き鏝を意味したが、現在では、身体的、性格的、あるいは貧困・人種・宗教・民族などの理由により社会から差別され人権侵害、迫害などを受け社会から劣勢の価値（屈辱的烙印）を与えられた状態をいう。

社会資源……問題解決に必要な自分以外のすべての人，物，制度，機関などをいう。

【振り返り問題】
1　平和的生存権について，日本国憲法からまとめてみよう。
2　エピソード「当事者研究の実践」から，セルフヘルプグループについての考えをまとめてみよう。

〈引用・参考文献〉
(1)　社会福祉辞典編集委員会編『社会福祉辞典』大月書店，2002年，172頁。
(2)　三浦文夫『増補 社会福祉政策研究——社会福祉経営論ノート』全国社会福祉協議会，1985年，5頁。
(3)　前掲書(1)，236頁。
(4)　吉田久一編『戦後社会福祉の展開』ドメス出版，1976年，17頁。
(5)　前掲書(2)，34頁。
(6)　岡村重夫『社会福祉原論』全国社会福祉協議会，1983年，序文。
(7)　一番ケ瀬康子他『福祉文化論』有斐閣，1997年，序文。
(8)　田代国次郎『社会福祉研究入門』童心社，1971年，65頁。
(9)　中谷巌『資本主義はなぜ自壊したのか——「日本」再生への提言』集英社，2008年，354～363頁。
(10)　二葉保育園ホームページ「100年のあゆみ」(http://www.futaba-yuka.or.jp/main_site/history.html) 2014年10月1日閲覧，から一部引用。
(11)　前掲書(1)，43頁。

（大塚良一）

第2章
現代社会と子どもの現状

本章のポイント

日本は世界有数の少子化・高齢化の進んでいる国ですが、その現状と課題を理解し、私たちの生活はどうあるべきかを考える必要があります。そのために日本の産業活動との関連や、家族や家庭のあり方、将来を託す子どもたちのおかれている環境などについて学習します。

第1節　少子高齢化社会の現状

(1) 日本の人口の推移

わが国は少子高齢化社会といわれ、さまざまな問題があるといわれているが国連人口基金(UNFPA)が2014(平成26)年11月18日に発表した「The State of World Population 2014(『世界人口白書2014』)」によると、世界の総人口は72億4,400万人で、70億人を超えており、日本の人口は約1億2,700万人で世界10位となっている。もっとも人口の多い国は中国で約13億9,380万人、次いでインド(約12億6,740万人)、アメリカ(約3億2,260万人)、インドネシア(約2億5,280万人)と続いている。

各国の人口の年齢構成をみると、若者(10～24歳)の割合がもっとも高いのは東ティモールで約38％、日本は14％ともっとも低くなっている。一方、60歳を超える高齢者の割合は32％で、世界一の高さとなっており、こうした数値からも日本は世界中でもっとも少子高齢化している国といえる。

世界(男女)の平均寿命は70歳で、長寿国の1位は日本で84歳であった。

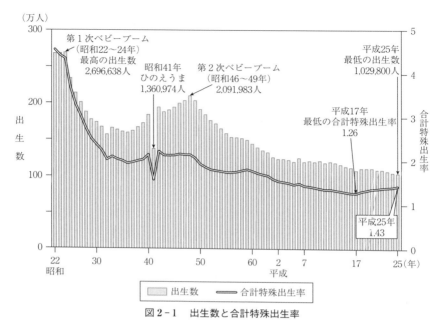

図 2-1　出生数と合計特殊出生率

出所：厚生労働省「平成25年度人口動態統計月報年計（概数）の概況」。

もっとも平均寿命の短い国は西アフリカのシエラレオネで46歳であった。

　子どもの出生率に関する国際的な指標である合計特殊出生率をみると世界の平均が2.5人であるのに対し日本は1.4人で，もっとも高い国はニジェールの7.6人であった。

　わが国の出生数は，第1次ベビーブームといわれた1947～1949（昭和22～24）年には270万人弱，第2次ベビーブームといわれた1971～1974（昭和46～49）年には約200万人強の出生数がみられたがその後減少傾向がみられ，2013（平成25）年には102万9,800人と最低の出生数となっている。

　合計特殊出生率についてみると，第1次ベビーブームといわれた1947（昭和22）年には4.54であったが，昭和40年代（第2次ベビーブーム期をふくめて），ほぼ2.1台で推移し，1975（昭和50）年に2.0を下回ってから低下傾向が続き2005（平成17）年には過去最低の1.26となったが，その後わずかではあるが回復傾向

がみられ2013（平成25）年度には1.43まで回復した（図2-1）。

― コラム ―

合計特殊出生率って何？

　合計特殊出生率とは「15～49歳までの女性の年齢別出生率を合計したもの」で，人口統計上の一つの指標です。1人の女性が生涯に産む子どもの数の平均を示しており，合計特殊出生率が2であれば，夫婦2人から子どもが2人生まれるということで，人口がほぼ維持されることを意味しています。

　日本では第1次ベビーブーム（1947～1949年）までは4を超えていましたが，その後低下傾向を示し1970年代に2.0以下となり2004年には1.29となりましたが，2012年度には1.43まで回復しました。

　合計特殊出生率は，ある期間（1年間）の出生状況に着目したもので，その年における各年齢（15～49歳）の女性の出生率を合計した「期間」合計特殊出生率と，ある世代の出生状況に着目した，同一世代生まれ（コーホート）の女性の各年齢（15～49歳）の出生率を過去から積み上げた，「コーホート」合計特殊出生率の2つの指標があります。

　出所：厚生労働省資料を参考に筆者作成。

（2）わが国の人口動態と少子高齢化傾向の現実

　2014（平成26）年2月1日現在の日本の総人口（外国籍の居住者をふくむ）は1億2,718万6,000人（男性6,186万1,000人，女性6,532万5,000人）で前年同月に比べ22万5,000人減少している（総務省統計人口推計〔平成26年＝2014年〕2月確定値）。年代別では0～14歳の人口は1,634万7,000人，前年の同月に比べ15万8,000人，15～64歳は7,856万2,000人で，前年同月に比べ117万3,000人減少しているが，65歳以上の人口は3,227万8,000人で，前年同月に比べ110万6,000人増加している。

　国立社会保障・人口問題研究所「日本の将来推計人口（平成24年1月推計）」における出生中位（死亡中位）推計によれば日本の総人口は，2030年の1億1,662万人を経て，2048年には1億人を割って9,913万人となり，2060年には8,674万人になるものと見込まれている。また，15～64歳までの生産年齢人口

は2010（平成22）年の63.8％から減少を続け、2017（平成29）年には60％台を割った後、2060年には50.9％となるのに対し、高齢人口（65歳以上の人口）は、2010（平成22）年の2,948万人から、団塊の世代および第2次ベビーブーム世代が高齢人口に入った後の2042年に3,878万人とピークを迎え、その後は減少し2060年には3,464万人となる。そのため、高齢化率（高齢人口の総人口に対する割合）は2013（平成25）年には25.1％、2060年には39.9％となり、2.5人に1人が65歳以上となることが見込まれており、今後、わが国は人口減少と高齢化が急速に進むと考えられている。

第2節　産業構造の変化と諸外国の動向

（1）私たちの生活と産業構造の変化

日本の産業は農業や林業、水産業などを中心とした第1次産業や鉱工業を中心とした第2次産業、そうした産業をもとに構成されている第3次産業に分類され、第1～第3次産業が有機的に結合することにより成り立っており、私たちの生活はこうした産業構造のあり方に大きく影響を受け成立しているといえる。

日本の戦後の産業構造は戦後の混乱期から急速に復興し、高度経済成長期、バブル期などの経済成長期には終身雇用を柱とした完全雇用制度の実現や産業の発展、国民の生活の豊かさや安定制の確保が実現された。しかし、その後、1991（平成3）年に発生したバブル崩壊による土地や株価などの資産価値の急激な下落、また、不良債権問題などの発生や、終身雇用を軸とした労使関係が破綻し、リストラや雇用制限するなどの人件費の削減、円高不況、デフレ経済等の影響を受け、そして企業の生産拠点の海外移転等が進められたことなどが影響し、国際的にも低かった失業者の増加や不安定な条件で労働契約を締結する労働者が増加し国民生活の安定に大きな影響を与えている。

日本の産業は農林水産業や鉱業を中心とした第1次産業や繊維や機械等の製造業を中心とした第2次産業を中心に発展してきたが、近年では運輸や情報通信、

サービス業などを中心とした第3次産業の占める割合が増加し，産業構造が変化した。

産業構造の変化にともない各産業へ従事する労働者人口も大きく変化することとなり，第1次産業に従事する就業者人口が減少し，第3次産業への就業者が増加するという傾向が進んでいる。

こうした産業構造の変化は私たちの生活構造の形成に大きな影響を与えており，日常の生活時間の構成や消費行動などさまざまな面で影響を受けることとなった。

こうした産業構造の変化にともない雇用形態は，日本の雇用形態の特徴であった終身雇用制度が見直され，有期間の雇用や短時間，臨時の雇用，労働者の派遣制度などが導入され，雇用形態が多様化した。こうした雇用形態の多様化は，産業の再編や経済活動のグローバル化などの影響を受け，雇用形態や労働賃金のあり方などに影響を与えることとなり，失業者の増加や生活困窮者の増加等が社会問題化することとなった。

日本はさまざまな資源の海外依存率が高く，私たちの生活は国際的な経済的活動に影響されて，自由貿易協定（FTA）や経済連携協定（EPA）と呼ばれる国際協定をふまえた活動が行われている。さらに現在大きな課題となっているのは，環太平洋パートナーシップ協定（TPP）（以下，「TPP」と記す）に対する日本の対応である。TPPはアジア太平洋地域において高い自由化を目標とし，非関税分野や新しい貿易課題を含む包括的な協定であるが，TPPに日本は参加することが決まっている。TPPへの参加に関しては歓迎する産業分野がある一方，農業や水産業を中心とした第1次産業に深刻な影響を受けることが懸念され，農業分野などでは「国際競争の中で生き残れるか」という問題が生じており，日本の産業構造や経済活動の質的な変化や食の安全など私たちの生活のありかたに影響を及ぼすのではないかと懸念されている。

---- コラム ----

自由貿易協定（FTA）や経済連携協定（EPA），環太平洋パートナーシップ協定（TPP）

　FTA，EPA，TPPともに国際的な貿易協定でこうした協定への参加のあり方がその国の経済活動に大きな影響を与えるといわれています。

◎ FTAは特定の国や地域とのあいだでかかる関税や企業への規制を取り払い，物やサービスの流通を自由に行えるようにする自由貿易協定（英：Free Trade Agreement, FTA）で自由な貿易地域の結成を目的とした，2国間以上の国際協定です。

◎ EPAは貿易の自由化に加え，投資，人の移動，知的財産の保護や競争政策におけるルール作り，さまざまな分野での協力，連携の要素等をふくむ，幅広い経済関係の強化を目的とする協定です。現在，東南アジアやASEAN諸国を中心に13か国にEPAが発効されています。

◎ TPPは，環太平洋パートナーシップ（Trans-Pacific Partnership）協定の略で，太平洋を取り囲む国々の間で，モノやサービス，投資などができるだけ自由に行き来できるよう，各国の貿易や投資の自由化やルールづくりを進めるための国際約束（条約）で，現在，シンガポール，ニュージーランド，アメリカ，オーストラリア，日本など12か国間で物品市場アクセス，原産地規則，貿易円滑化など21の項目にわたって交渉が進められています（2014〔平成26〕年9月現在交渉は終了していません）。

　TPPは「関税が撤廃されることにより貿易の自由化にともなう日本製品の輸出増などが期待され，経済活動が活発化し利益の増加が見込まれる」等の期待がある一方で，「海外から農産物や安価な商品が流入することによる経済活動への打撃，食の安全不安，国保などの医療制度への影響などに対する不安」がもたれています。

出所：通商産業省資料を参考に筆者作成。

　このように日本の産業活動は国際的な経済活動の動向に大きな影響を受けており，経済活動が不安定になり働きたくとも働く環境を得ることのできない失業者（図2-2参照）や低賃金で働かざるを得ない労働者や生活困窮者が増加する等さまざまな問題が発生しており，日本国憲法で保障されている最低限度の生活を維持するため生活保護制度を活用する人が増加することとなり，私たちの生活の質のあり方などが社会問題化しており国の施策の充実が求められている。

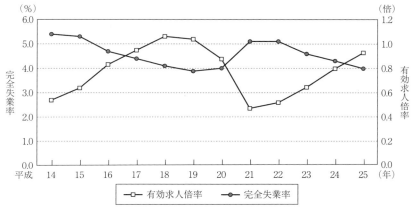

図2-2　完全失業率・有効求人倍率の推移

出所：完全失業率は，総務省「労働力調査」，有効求人倍率は，厚生労働省「一般職業紹介状況」。

（2）諸外国の動向――日本との比較検討

諸外国においても日本同様に経済活動の国際化にともなう産業構造や就労環境の変化などにより，国民の生活は大きな影響を受けている。

1）世界の人口

前述した通り『世界人口白書2014』（国連人口基金：UNFPA発行）によると，世界の総人口は72億4,400万人（前年71億6,200万人）で，人口1位は中国で，インド，アメリカ，インドネシアと続き，日本は10位となっている。

アメリカやフランス，スウェーデン，イギリス，イタリア，ドイツ等の合計特殊出生率の推移をみると，1970～1980年代になって2.0を下回る国がみられるようになった。背景として考えられる理由としては子どもの養育コストの増大や結婚・出産に対する価値観の変化等の存在があるといわれている（図2-3参照）。

合計特殊出生率の低下傾向はフランスやスウェーデンでは，出生率が一時1.6台まで低下したが，国の施策が効果的に進められ，フランスが2.01（2011〔平成23〕年），スウェーデンが1.90（2011年）まで回復した。フランスで取り組まれた家族政策の特徴は，かつては家族手当等の経済的支援が中心であったが，

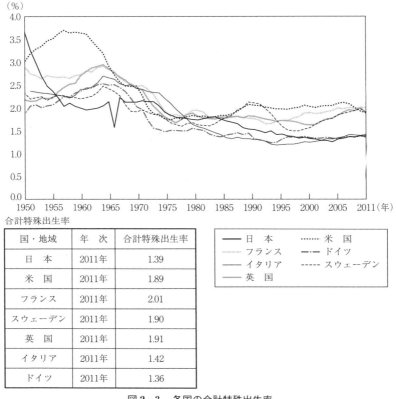

合計特殊出生率

国・地域	年 次	合計特殊出生率
日 本	2011年	1.39
米 国	2011年	1.89
フランス	2011年	2.01
スウェーデン	2011年	1.90
英 国	2011年	1.91
イタリア	2011年	1.42
ドイツ	2011年	1.36

図2-3　各国の合計特殊出生率

注：ヨーロッパは，2008年までEU "Eurostat", Council of Europe "Recent demographic developments in Europe", United Nations "Demographic Yearbook"．2009年以降は，各国政府の統計機関．米国は2007年までU. S. Department of Health and Human services "National Vital Statistics Report", United Nations "Demographic Yearbook", U. S. Census Bureau. 2008年は，"The Social Report 2010"．2009年以降は，アメリカ政府の統計機関．日本は厚生労働省「人口動態統計」。
出所：内閣府『平成26年度版少子化社会対策白書』。

　1990年代以降，保育の充実へ変更され，出産・子育てと就労に関して幅広い選択ができるような環境整備が進められており，スウェーデンでは，比較的早い時期から経済的支援とあわせ，保育や育児休業制度といった施策が進められている。経済的支援を中心としているドイツでも育児休業制度や保育の充実等を

相次いで打ち出し出生率の回復へ向けた対応を行っている。

アジア地域の出生率の推移をみると，1970（昭和45）年以降，出生率の低下傾向を示す国がみられシンガポール1.20（2011〔平成23〕年），韓国1.24（2011〔平成23〕年），台湾1.07（2011〔平成23〕年），香港1.20（2011〔平成23〕年）と日本の出生率1.39（2011〔平成23〕年）を下回っている国も多い。

世界全域の年少人口割合（国連推計）は，26.8％であるが，わが国の総人口に占める年少人口の割合は，13.0％と世界的にみてももっとも小さくなっている。日本以外では，イタリア14.1％，スペイン15.0％，ドイツ13.5％と，相対的に合計特殊出生率が低い国ほど年少人口割合が小さくなっている。

2）国民の生活

2012年の世界各国の国内総生産（名目GDP）についてみると世界全体のGDPは＄7,268万9,734で，1位はアメリカで＄1,624万4,600，続いて中国，日本，ドイツ，フランス，イギリス，ブラジルと続いている。1人当たり国内総生産（名目GDP）をみると1位はルクセンブルクで＄10万5,287，つづいてノルウェー，カタール，スイスと続き，アメリカは11位，日本は＄4万6,604で13位となっている。

国民の生活実態に目を向けてみると，日本のGDPに対する公的な支援については欧州諸国にくらべて現金給付，現物給付等をふくめてみても家族政策全体の財政的な規模が小さいことが指摘されている。家族関係社会支出の対GDP比をみると，わが国は，0.96％（2009〔平成21〕年）となっており，フランスやスウェーデンなどの欧州諸国と比べておよそ3分の1となっている（図2-4参照）。

高齢化の問題は日本だけではなく世界共通の課題でもあるが，内閣府が行っている「第7回高齢者の生活と意識に関する国際比較調査」によれば在宅で生活するうえでだれかの介護が必要になった場合，だれに介護を期待するかでは，各国とも「配偶者あるいはパートナー」（日本46.2％，アメリカ35.8％，韓国47.1％，ドイツ45.9％，スウェーデン58.1％）の割合がもっとも高くなっている。また，2番目に割合が高い項目をみると，日本，ドイツおよびスウェーデンで

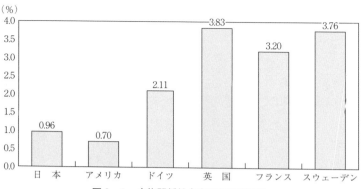

図2−4　家族関係社会支出の国際比較

注：家族…家族を支援するために支出される現金給付及び現物給付（サービス）を計上
子ども手当（児童手当）：給付，児童育成事業費等
社会福祉：特別児童扶養手当給付費，児童扶養手当給付諸費，児童保護費，保育所運営費
協会健保，組合健保，園保：出産育児諸費，出産育児一時金等
各種共済組合：出産育児諸費，育児休業給付，介護休業給付
雇用保険：育児休業給付，介護休業給付
生活保護：出産扶助，教育扶助
就学援助制度
就学前教育費（OECD Education Datebase より就学前教育費のうち公費）
出所：内閣府『平成26年度版少子化社会対策白書』。

は「ホームヘルパー等の介護を職業とする人」（日本15.7％，ドイツ16.5％，スウェーデン23.1％），アメリカでは「娘（養女をふくむ）」（22.4％），韓国では「息子（養子をふくむ）」（16.1％）となっている。

第3節　家族形態の変化と社会問題

（1）家族の形態

　私たちは結婚し子どもをもうけ，家族という形態をつくって生活を行っている。世界にはさまざまな家族形態が存在しているが，日本では一夫一婦制を基本として2世代，3世代と親子が同居し共同生活を営むという家族の形態が中心であったが，産業構造の変化にともない家族構成にも変化がみられるようになり，夫婦もしくは親子のみで家族を形成する「核家族」といわれる形態が増

加し，核家族化傾向が進むこととなった。核家族化の傾向は先にもふれたように産業構造の変化にともない地方から都市部への人口の流出を招き，地方の過疎化問題や少子高齢化問題，生活構造の変化等を背景とした新たな社会問題を呈することとなった。

核家族化傾向が顕著になるにしたがい問題視されるようになってきたのは，家族内のコミュニケーション不足や相互扶助機能が低下し，家族内における人間関係の希薄化を招き，貧困や介護に関する問題などが顕在化した時に家族内では効果的な対応が困難となり，家庭内虐待等の発生など社会問題化し，社会福祉の取り組むべき大きな課題となっている。

（2）日本の家族構成の現状

2013（平成25）年度に実施された国民生活基礎調査によれば2013（平成25）年6月現在の世帯総数は5,011万2,000世帯であり，世帯の構造は，「夫婦と未婚の子のみの世帯」が1,489万9,000世帯（全世帯の29.7％），「単独世帯」が1,328万5,000世帯（同26.5％），「夫婦のみの世帯」が1,164万4,000世帯（同23.2％）となっており，世帯類型は「高齢者世帯」1,161万4,000世帯（全世帯の23.2％），「母子世帯」82万1,000世帯（同1.6％），1世帯当たりの平均世帯人員は2.511人となっている（図2-5参照）。

（3）高齢者のいる家族世帯の現状

日本は高齢化社会といわれるが，2013（平成25）年度の国民生活基礎調査によれば，65歳以上の高齢者のいる世帯数は2,242万世帯（全世帯の44.7％）で，「夫婦のみの世帯」が697万4,000世帯（65歳以上の者のいる世帯の31.1％），「単独世帯」が573万世帯（同25.6％），「親と未婚の子のみの世帯」が444万2,000世帯（同19.8％）となっている（図2-6参照）。

単独世帯の占める割合は1989（平成元）年には14.8％であったが2013（平成25）年度には25.6％と10％以上増加しており，夫婦のみの単身世帯も20.9％から31.1％と10％以上増加している一方で，三世代世帯の占める割合は40.7％か

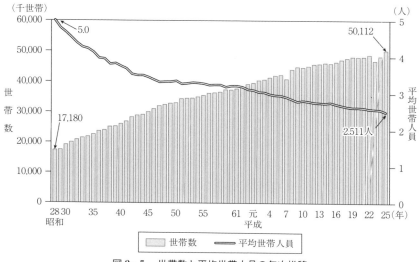

図2-5　世帯数と平均世帯人員の年次推移

注：1）平成7年の数値は，兵庫県を除いたものである。
　　2）平成23年の数値は，岩手県，宮城県及び福島県を除いたものである。
　　3）平成24年の数値は，福島県を除いたものである。
出所：厚生労働省「平成25年国民生活基礎調査の概況」。

ら13.2%と3分の1程度まで減少しており，現在の家族形態の一端を知ることが可能である。5歳以上の者のいる世帯について世帯の構造別の世帯数についてみると，「単独世帯」が573万世帯（高齢者世帯の49.3%）で，男性のみの単身世帯は165万9,000世帯（同14.3%），女性のみの単身世帯は407万1,000世帯（同35.1%）と男性の単身世帯は女性世帯の40%程度となっている。また「夫婦のみの世帯」は551万3,000世帯と約半数（同47.5%）となっている。

▼高齢者の単身家族の増加にともなう課題

高齢者の単身世帯の増加傾向は継続しており，深刻な介護問題や孤独死といった社会問題が発生しており，健康や介護に関する不安を改善することだけではなく，高齢者が安心して生活が送れるよう生涯教育のシステムや地域で支えあうことのできる環境の充実が求められている。

第2章 現代社会と子どもの現状

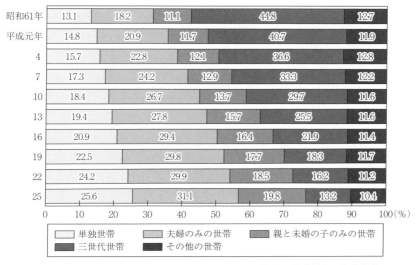

図2-6 世帯構造別にみた65歳以上の者のいる世帯数の構成割合の年次推移

注：1）平成7年の数値は，兵庫県を除いたものである。
　　2）「親と未婚の子のみの世帯」とは，「夫婦と未婚の子のみの世帯」「ひとり親と未婚の子のみの世帯」をいう。
出所：厚生労働省「平成25年国民生活基礎調査の概況」。

コラム

老老介護と孤独死

「老老介護とは」夫婦や兄弟姉妹などが，高齢になった要介護者を同じく高齢の介護者が介護をしている状態をいいます。2013（平成25）年に実施された国民生活基礎調査の結果によれば，介護が必要な65歳以上の高齢者がいる世帯のうち，介護を担うのも65歳以上という「老老介護」の世帯の割合は2013（平成25）年時点で51.2％となっています。介護が必要となった場合，介護支援センターなどの提供する介護サービスが利用できますが，そうしたサービスにたよることなく，家族内で介護を行う場合があります。

介護という活動は体力が必要であり，高齢になると健康であると思っていても介護を行うのはむずかしい場合が多くみられます。介護支援センター等の提供する介護サービスをうまく利用しながら家庭での介護に取り組んでいる場合もありますが，自らが介護を必要としているにもかかわらず介護しなくてはいけない場合や，だれにも看取られないまま孤独死してしまう場合や，介護の疲れなどから介護者が要介護者を

殺害してしまう場合や，一家心中し命を絶ってしまうなどの深刻な問題も発生しています。老老介護の問題は高齢化した日本全体の問題であり，社会全体で考えるべき問題といえます。

出所：筆者作成。

（4）児童のいる家族世帯の現状

2013（平成25）年に実施された国民生活基礎調査によれば18歳未満の児童がいる世帯は1,208万5,000世帯で，全世帯数の24.1％を占めており，家族世帯の世帯構造別にみると，「夫婦と未婚の子のみの世帯」が870万7,000世帯で児童のいる世帯の72.0％を占めている。次いで「三世代世帯」が196万5,000世帯（同16.3％）となっている。また，児童数別にみると，児童が「1人のみ」の世帯数は全世帯の10.9％，「2人」いる世帯は10.1％，「3人以上」の世帯は3.2％で，「子どものいない」世帯は75.9％で子どものいない家庭の占める割合は1989（平成元）年と比較すると17％以上増加している。

（5）単身家族の増加

家族は結婚という形態をとり夫婦で協力して形成してゆくことを基本として成立するが，さまざまな原因で夫婦間の協力関係が困難となってしまう場合がある。その原因となるのは死別や離婚などによるものであるが，前述したとおりこうした結果，単独もしくは単身となった世帯は全世帯数の26.5％にも達するようになっているが，高齢者の単独家庭の増加とともに離婚により単身，もしくは一人親家庭となる例が増加している。

厚生労働省のまとめた「平成25年人口動態統計月報年計（概数）の概況」によれば，婚姻件数は1972（昭和47）年の109万9,984組をピークに減少傾向を示し，2013（平成25）年度には66万3,000組と40％程度減少している。また，離婚件数についてみると2002（平成14）年に28万9,836件ともっとも高い値を示したが2012（平成24）年度には23万7,000件と減少傾向を示している。一人親家庭となる主な理由としては離婚を理由としたケースがもっとも多く収入や住居など

第2章 現代社会と子どもの現状

表2-1 家族類型別一般世帯数

(単位 1,000世帯)

年次	総数	親族のみの世帯						核家族以外の世帯 1)	非親族を含む世帯	単独世帯
		総数	核家族世帯							
			総数	夫婦のみ	夫婦と子供	男親と子供	女親と子供			
平成2年	40,670	31,204	24,218	6,294	15,172	425	2,328	6,986	77	9,390
7	43,900	32,533	25,760	7,619	15,032	485	2,624	6,773	128	11,239
12	46,782	33,679	27,332	8,835	14,919	545	3,032	6,347	192	12,911
17	49,063	34,337	28,394	9,637	14,646	621	3,491	5,944	268	14,457
22	51,842 a)	34,516	29,207	10,244	14,440	664	3,859	5,309	456	16,785

注：一般世帯とは、住居と生計をともにしている人びとの集まり、一戸をかまえて住んでいる単身者、間借り・下宿屋などの単身者および会社などの独身寮、寄宿舎などに居住している単身者をいう。
1) 平成17年以前はその他の親族世帯。 a) 家族類型「不詳」をふくむ。
資料：総務省統計局統計調査部国勢統計課「国勢調査報告」(10月1日現在)。
出所：総務省統計局『日本の統計2014』。

をはじめとした、生活状況は父子家庭よりも母子家庭の方がきびしい。

1990（平成2）年以降の家族類型別の一般世帯数についてみると、家族の総数は1990（平成2）年には4,067万世帯であったが、20年後の2010（平成22）年には5,184万2,000世帯と1,117万2,000世帯増加している。親族のみの世帯数は1990（平成2）年には3,120万4,000世帯であったが2010（平成22）年には3,451万6,000世帯と331万2,000世帯増加、核家族世帯は1990（平成2）年には2,421万8,000世帯であったが2010（平成22）年には2,920万7,000世帯と498万9,000世帯増加するなどの変化があった（表2-1参照）。

（6）家族の所得の現状と貧困問題

1）所得の概況

「平成25年国民生活基礎調査の概況」によれば、2012（平成24）年の1世帯当たり平均所得金額は、全世帯の場合が537万2,000円となっており、高齢者世帯

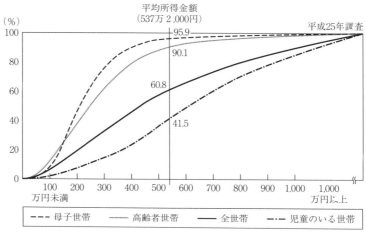

図2-7 世帯数の所得金額別累積度数分布
出所:厚生労働省「平成25年国民生活基礎調査の概況」。

の場合は309万1,000円,児童のいる世帯の場合には673万2,000円,母子世帯の場合には243万1,000円となっている。

所得金額階級別に世帯数の相対度数分布をみると,100万円未満が6.2%,100〜200万円未満が13.2%,200〜300万円未満が13.3%,300〜400万円未満が13.2%と400万円未満が45.9%となっており,全世帯の平均所得金額である537万2,000円以下の割合は60.8%となっている。また,世帯種別にみると高齢者世帯が90.1%,児童のいる世帯が41.5%,母子世帯が95.9%となっている(図2-7参照)。

2)貧困率の状況

所得の低い場合,通常の生活を送ることに不安や困難,生活上の制限を感ずる場合がある。こうした人たちの割合を示す指標として**相対的貧困率**がある。相対的貧困率はOECD(経済協力開発機構)の示している国際的な指標であり,一定基準(貧困線)を下回る等価可処分所得しか得ていない者の割合を表わしたものである。

貧困線とは,等価可処分所得(世帯の可処分所得〔収入から税金・社会保険料等

第 2 章　現代社会と子どもの現状

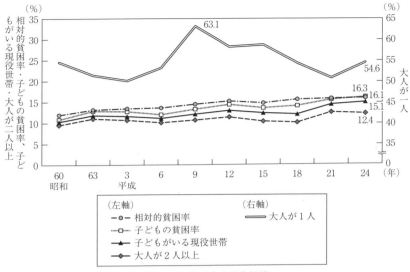

図 2-8　貧困率の年次推移

注：1）平成6年の数値は、兵庫県を除いたものである。
　　2）貧困率は、OECD作成基準に基づいて算出している。
　　3）大人とは18歳以上の者、子どもとは17歳以下の者をいい、現役世帯とは世帯主が18歳以上65歳未満の世帯をいう。
　　4）等価可処分所得金額不詳の世帯員は除く。
出所：厚生労働省「平成25年国民生活基礎調査の概況」。

を除いたいわゆる手取り収入］を世帯人員の平方根で割って調整した所得）の中央値の半分の額であり、2013（平成25）年度の国民生活基礎調査によれば、2012（平成24）年度の全世帯の平均所得金額は537万2,000円であり、2012（平成24）年の貧困線（等価可処分所得の中央値の半分）は122万円（名目値）である。相対的貧困率（貧困線に満たない世帯員の割合）は16.1％となっており、OECD加盟国のなかでも高い値を示している。また、「子どもの貧困率」は16.3％となっている（図2-8参照）。

第4節　子どもの現状と社会福祉

（1）子どもたちの生活環境

　子どもたちの生活は家族形態の変化や経済環境の変化，生活環境の都市化，高学歴社会による生活環境の変化などの影響を受け，学習活動や遊びなどをふくめた生活に質的な変化がみられる。たとえば子ども自らが主体的に遊び，自らの可能性を開花させ，生きる力を育成して行くことがむずかしくなっており，子ども自身のストレス等に耐える力の低下や人間関係を育む力が脆弱で，いじめや引きこもり，非行といった心理・行動上の問題が発生しやすくなっており，青少年の犯罪や非行の低年齢化と凶暴化傾向が顕著となっている。

　また，核家族等にともなう家族関係の質的な変化や，これまでみられていた地域において育まれてきたさまざまな人間関係の希薄化傾向が顕著となり家族や育児環境の孤立が進んでいる。近年では児童や高齢者，障害者などに対する虐待や，配偶者からの暴力行為（DV）の多発や「孤独死」といった問題が発生し，緊急に対応の必要な社会問題となっている。

（2）待機児童問題と新たな子育て支援対策

　保育所への入所を希望しても保育所の不足や定員が一杯などの理由で入所できない待機児童の問題は1960年～1970年頃に第2次ベビーブームをうけ発生したことがあるが，現在の待機児童の問題は1990年代後半頃から都市部を中心に発生し，社会問題化している現象である。厚生労働省の集計した保育所への待機児童数は44,118人（2013〔平成25〕年10月現在）となっており，現在の待機児童は育児休業終了前後の0～2歳児を中心とした低年齢児が90％近くを占めていることが特徴である。待機児童の問題は産業構造や生活環境などの変化，不況からの共働き家庭の増加や女性の社会進出，一人親家庭の増加などにより，保育のニーズが増加しているにもかかわらず，必要な保育環境の整備がともなわないため社会問題化している。

日本では少子化傾向が進行する一方で，政府は経済活動を活発化させるために育児世代の女性を労働力として活用することを推進しており，子育てに関するさまざまな施策に取り組んできた。しかし保育に対する国民の価値観やニーズは多様化しており国の政策と現実のミスマッチもみられる。国は新たな対策として「子ども・子育て支援法」，「認定こども園法の一部改正」等の子ども・子育てに関連する3法の改正を行い対策に取り組むこととなった。

　主な対策としては，①認定こども園，幼稚園，保育所を通じた共通の給付（施設型給付）および小規模保育等への給付（地域型保育給付）の創設，②認定こども園制度の改善（幼保連携型認定こども園の改善等），③地域の実情に応じた子ども・子育て支援の実施等を骨子としており，2015（平成27）年4月からの本格施行が予定されている。

　認定こども園制度の改善については，幼保一元化構想にもとづく「**総合こども園**」の設置構想が見送られ，認定こども園法にもとづく「幼保連携型認定こども園」を改善し，認可・指導監督を一本化し，学校および児童福祉施設としての法的な位置づけを行い，財政措置を新たに導入予定の「施設型給付」に一本化すること等を骨子としており，新たな幼保連携型の認定こども園で勤務するためには保育教諭（保育士資格と幼稚園教諭免許を所持している者が該当）を所持していることが必要であり，要件を満たさない者に対する特例措置が進められている。

【用語解説】

単身家族……未婚や別居・離婚・死別・子の独立などにより単身（一人）で暮らす人のこと。単独世帯，シングル世帯等ともいわれている。

相対的貧困率，子どもの貧困率……平均的な所得の半分を下回る世帯の割合を相対的貧困率という。貧困層にある家庭で暮らす18歳未満の子どもの割合を「子どもの貧困率」という。2012（平成24）年に16.3％と過去最悪を示した。

総合こども園……総合こども園は民主党政権の時に幼保一元化を目指して進められたものである。法案の作成までは行われたが実現には至らなかった制度

で，自民党政権になり認定こども園法などを改正し新たなシステムが2015（平成27）年4月より実施されることになっている。

【振り返り問題】

1　日本の人口動態を調べ，少子化・高齢化の現状と少子化傾向が続いた場合どうなるのか考えてまとめてみよう。
2　産業構造の変化と私たちの生活との関係についてまとめてみよう。
3　核家族や一人親家庭の現状を調べ，メリット，デメリットについてまとめてみよう。
4　貧困状態が子どもの生活にどのような影響を及ぼすのか調べてみよう。
5　待機児童の問題に対するあなた自身の考えをまとめてください。

〈参考文献〉
小野澤昇・田中利則・大塚良一編著『子どもの生活を支える家庭支援論』ミネルヴァ書房，2013年。
小野澤昇・田中利則・大塚良一編著『子どもの生活を支える社会的養護』ミネルヴァ書房，2013年。
厚生労働省『平成23年度全国母子世帯等調査の結果』。
厚生労働省『平成24年度福祉行政報告例の結果』。
厚生労働省『平成25年人口動態統計の年間推計』。
厚生労働省『平成25年人口動態統計月報年計（概数）の概況』。
厚生労働省『平成25年国民生活基礎調査の概況』。
厚生労働省『平成25年度版労働経済の分析』。
厚生労働省『平成26年度版厚生労働白書』。
厚生労働省「保育所入所待機児童数（平成25年10月）」。
国連人口基金（UNFPA）「The State of World Population 2014（『世界人口白書2014』）」。
総務省統計局『日本の統計2014』。
内閣府『平成26年度版子ども若者白書』。

（小野澤　昇）

第3章
社会福祉の歴史的変遷

本章のポイント

本章では社会福祉の歴史を学びます。社会や環境が変化するとさまざまな問題が起こり，それを解決しようする人が現われます。問題を解決してきた先人たちは，生まれながらにすごい能力をもった人ばかりではありません。先人が行った仕事も，「保育者」が日々行う仕事も，出発点は「目の前の人を助けたい」「どうしたら，より良くなるのだろうか」という思いです。単に歴史をおぼえるだけでは，おもしろくありません。歴史を「人間が積み重ねたもの」として学んでみましょう。

第1節　日本の社会福祉の歴史

（1）わが国の慈善事業の始まり

　近畿地方でヤマト王権（大和朝廷）が成立し，力を増しながら統一された政権が誕生した頃，仏教や儒教が漢字などとともに大陸からわが国にもたらされた。593（推古元）年，聖徳太子は四天王寺を建設する際，寺院である敬田院，薬草を栽培し製薬した施薬院，病院となる療病院，孤児や身寄りのない高齢者のための施設である悲田院の4つを設けたのである。これは，聖徳太子が力を入れていた救済・慈善事業の一つ「四箇院」である。わが国における福祉の起こりであり，仏教的な慈善活動の始まりといわれている。また，高齢者や病気の人を近親者が支え，近親者がいない場合は近隣の人たちで支える「戸令」や，貧民を救済するために米や塩などを給付する「賑給」という制度があった。

わが国では古代において救済制度が設けられていたのである。

コラム

他者に対するかわらぬ気持ち

「ネアンデルタール人」は，約20万年前から約2万4,000年前に生息し，現代に生きる私たち「ホモ・サピエンス」に近い「人類」です。ネアンデルタール人は死亡すると，残された者が色鮮やかな花の咲く薬草を添えて埋葬していたとの研究が発表されています。私たちホモ・サピエンスが誕生する前から，この地球では薬草で病やけがを治し，亡くなった者には花を添えて悼む行為が営まれてきたのです。

ネアンデルタール人が生きていた時代から，私たちが生きる「現代」に至るまで，社会は大きく変化しました。しかし，私たち人類が他者を思い，病やけがを負った弱者には手をさしのべ，亡くなった者に対してかなしむ気持ちは今も変わりません。

出所：縄文ファン連載企画「小山センセイの縄文徒然草」小山修三「第25回ネアンデルタール人花の埋葬」2014年12月4日閲覧（http://aomori-jomon.jp/essay/?p=6340）を参考に筆者作成。

（2）明治期から昭和期戦前・戦中

明治となり1871（明治4）年に廃藩置県が行われたが，江戸時代の藩を引き継いだ府県がそれぞれに貧民を救済していた。1874（明治7）年に「恤救規則(じゅっきゅうきそく)」が制定され，初めて国として対応されたのである。内容は，家族や親族が扶養（生活の面倒をみる）するか，近隣の人たちの相互扶助（お互いに支えあう）を原則とし，身寄りのない人だけを国が助けるというものであった。対象者は限られ，救済内容もようやく命を維持できる程度であった。産業の発展によって富む人が出る一方，長時間労働や低賃金，病気・けがで失業する人が出てきた。そうした状況を打開しようと慈善事業を行う人びとが現れたのである。公的支援の対象にならない人は民間の活動が支えたのである。

― コラム ―

社会福祉の基礎を築いた人びと（日本）

石井亮一

　1867（慶応3）年，佐賀県生まれ。女学校の教頭となった後の1891（明治24）年，孤児の教育施設「東京救育院」を運営しました。濃尾地震の後，女子が身売りされて娼婦にされていることを知り，女子を対象とした「孤女学院」を設立します。この時，知的に障害がある入所児童をきっかけとして，知的障害に関心をもつようになり，アメリカで実地研修や研究を行いました。

　1897（明治30）年，「滝乃川学園」へ名称を変更し，知的障害児のみの受け入れを開始しました。わが国初の知的障害児の専門施設の誕生です。「孤女学院」から引き続き在籍する女子にも教育を行い，「保母養成部」をおいて知的障害児への教育法を学ばせました。卒業後に自立した生活ができるようにしたのです。1920（大正9）年，失火により園児のなかから犠牲者が出ました。閉鎖を考えましたが，皇室や市民から多くの見舞金や支援が寄せられ，学園を継続する決意を固めたのでした。

留岡幸助

　1864（元治元）年，岡山県生まれ。キリスト教の「神の前では平等」という教えに感銘を受けて入信しました。教会の牧師となり，1891（明治24）年に北海道空知**集治監**の**教誨師**になります。受刑者への面談を行うなかで，家庭や生育環境の問題が犯罪の要因であることに気づき，**感化教育**を学ぶためにアメリカに渡ります。帰国後の1899（明治32）年，1人の少年を預かり感化院としての活動を始めました。この感化院は「家庭にして学校」「学校にして家庭」という考えを反映させ「家庭学校」と名づけました。家庭学校には「師範部」をおいて慈善事業を行う者を育てるほか，苦学生のための塾を設立しました。地方の視察をきっかけに知った「報徳思想」（行った社会貢献は，いつか自分の身に戻るという二宮尊徳が広めた思想）の普及にも力を入れるなど，幅広い活動を行いました。

石井十次

　1865（慶応元）年，宮崎県生まれ。1880（明治13）年，開墾によって友人たちが自立自活できるよう五指社を設立しましたが失敗し，その後は医師を目指して岡山の医学校に入学します。1886（明治19）年，イギリスのブリストル孤児院の創設者ジョージ・ミュラーの教えに感銘を受け，慈善会の設立を構想しました。その後，3人の子どもを預かることとなり，孤児教育会と名づけて子どもたちを育てることとしました。この活動が新聞で紹介されましたが，名前が「岡山孤児院」と紹介されたため，岡山

孤児院の名前が広がりました。

野口幽香
(のぐちゆか)

　1866（慶応2）年，兵庫県生まれ。小学校卒業後は，向学心の強い父親の影響を受け中学に入学しましたが，女子が入学するのがめずらしい時代，さまざまなトラブルに見舞われて退学。1885（明治18）年に東京女子師範学校に入学。上級生の影響を受け，幼児教育の道に進むことにしました。卒業後は女子師範学校附属幼稚園に勤務し，後に華族女学校の幼稚園に異動しました。フレーベルを理想とした幽香は，同寮の森島峰とともに「理想の幼稚園」をつくるために走り回り，1900（明治33）年に「二葉幼稚園」を開設しました。貧しい子どもを対象とした保育に取り組み，貧しさのために登校できない小学生や，貧しい母子家庭への支援も行うようになりました。

　1916（大正5）年，二葉幼稚園は「二葉保育園」と名前を変更し，保育所へ移行させました。当時，裕福な家庭の子どもに保育を行う幼稚園の位置づけと，社会事業（現在の社会福祉）として設置が進められてきた保育所の位置づけを考え，貧しい子どもたちへの保育に情熱をそそぐ幽香は現実に近い方を選択しました。

山田わか

　1879（明治12）年，神奈川県生まれ。17歳で資産家に嫁ぎます。夫に，実家への金銭的支援を頼むが断られ，自力で助けようと家出しました。近づいた女にだまされ，アメリカに売られました。その後，日本人に助けられ保護施設に逃げました。自立を目指して積極的に行動し，夫となる山田嘉吉ともその時に出会いました。

　女性も経済的側面をふくめて自立するべきとの持論をもっていました。子育て期間中，嘉吉へ依存することに耐えられない気持ちでしたが，エレン・ケイの思想の出会いがその気持ちを変えました。エレン・ケイは，性役割分業としてではなく，子どもを産むことは男性にはできないことであるとし「母として子どもを産み育てる」という働きは，社会にも国家にも重要な働きであると位置づけました。子どもを養育する期間は国家が補助金を支給することが必要だとして，生活のために働かなければならない女性や，自己の実現のために社会で活動する女性を出産・育児のために家庭に戻そうとしたのです。また，婦人会活動を「社会事業」として，自ら立ち上げた「母を護る会」で廃品回収を行い，収益金を「母性保護連盟」の活動資金にあてるなどの活動を行いました。一方的な救済は受けた人の堕落を生み，依頼心を生むと考え，働く事によって人が救われると信じて活動を続けました。

糸賀一雄

　1914（大正3）年，鳥取県生まれ。松江高等学校時代にキリスト教と出会い入信。京都帝国大学卒業後に尋常小学校の代用教員として勤務しますが，1939（昭和14）年

に軍へ召集されます。病気で入院したために除隊（兵としての勤務を解除される）となり，滋賀県庁に勤務。社会事業に励みました。当時の近藤知事から「事業は人である」と教えられたことが，人生に深い影響を与えました。1942（昭和17）年，軍人遺族のうち，虚弱な児童に対する生活と学習を指導する「三津浜学園」を創設。代用教員時代の同僚を呼ぶなど，施設の充実に力をそそぎました。また，知的に障害のある児童の施設「石山学園」を設立しました。

　終戦後の1946（昭和21）年には，児童養護施設と知的障害児施設の機能をもつ「近江学園」を設立しました。職員は住み込み生活を行い，給料はすべて集められて運営と職員の生活費にあてられるなど，ほかの施設にみられない運営方法を採用しました。糸賀は，あわれみではなく，子どもたち自身が輝く素材であり，この素材をさらに輝かそうとし，「この子らを世の光に」ととなえました。

出所：宇都榮子「石井亮一」，室田保夫「留岡幸助」，細井勇「石井十次」，松本園子「野口幽香」，今井小の実「山田わか」，蜂谷俊隆「糸賀一雄」室田保夫編著『人物でよむ近代日本社会福祉のあゆみ』ミネルヴァ書房，2006年，19〜25頁，48〜54頁，56〜69頁，163〜169頁，228〜234頁，右田紀久惠・髙澤武司・古川孝順編『社会福祉の歴史』有斐閣，2004年，210〜344頁を参考に筆者作成。

　1900（明治33）年に「感化法」が制定され，非行を行った少年は保護され，感化院に入所させ更生させた。恤救規則は1929（昭和4）年に救護法となり，13歳以下の児童と妊産婦についても規定が加わった。1936（昭和11）年，方面委員制度が実施され，担当区域に在住する貧民を訪問して，問題の早期解決を図った。翌1937（昭和12）年には母子保護法が，さらに翌年には社会事業法が制定された。第2次世界大戦へと向かうなかで，「産めよ，増やせよ」というスローガンが閣議決定された。軍隊には人が必要であり，人口増加は欠かせない。そこで，子どもを産み育てることを国が勧めたのである。戦争中の1942（昭和17）年には「妊産婦手帳」（現在の母子健康手帳の原型）の制度が始まった。食料を含む物品は配給制度となっていたが，手帳を持参することで米が多く配給されるなどの特典を受けることができた。[(2)]戦争をきっかけに社会福祉が整備されたのである。

（3）第2次世界大戦終結から1960年代までの変遷

　第2次世界大戦が終わり，わが国では多くの問題を抱えた。戦争で身寄りを

失った「戦争孤児」。軍関係の工場が閉鎖され，大量の「失業者」が発生。戦地などから戻ってきた「引き揚げ者」による人口増加。食糧が不足し，インフレーションなどにも対応できなくなったのである。進駐してきた連合国軍は福祉救済に関して，国家責任，無差別，最低の生活保障の3原則を示した。大日本帝国憲法を改廃して1946（昭和21）年に日本国憲法を公布し，次いで生活保護法を制定した。1947（昭和22）年には児童福祉法，1949（昭和24）年に身体障害者福祉法，1950（昭和25）年には新たな生活保護法を制定させた。この3つの法律を「社会福祉三法」と呼び，終戦直後は国民生活の保護を中心とした政策が行われたのである。

　「児童福祉法」は戦力として人口増加を目指した「産めよ，増やせよ」から転換し，児童を愛護する対象として位置づけるなど，国民の児童観にまでふみこんだ。作成者である厚生（現：厚生労働）省の松崎芳伸は，草案に「すべて児童は歴史の希望である」という文言を入れるなど，新たな児童観をもって新しい日本をつくろうとしていたのである。[3]

　1951（昭和26）年，社会福祉全般について規定した社会福祉事業法が制定される。1960（昭和35）年に精神薄弱者（現：知的障害者）福祉法，1963（昭和38）年に老人福祉法，1964（昭和39）年に母子福祉法の3つの法律が制定された。この3つの法律と先の「社会福祉三法」を加え，「社会福祉六法」と呼ぶ。これら法律の制定により，さまざまな状況で支援を必要とする人を支える法律が完成した。

　またこの間，1961（昭和36）年に児童扶養手当法が，1964（昭和39）年特別児童扶養手当法が成立し，児童に対する制度が充実した。また1958（昭和33）年には国民健康保険法が成立し，すべての国民が何らかの医療保険に加入する「皆保険制度」へと移行した。1959（昭和34）年には国民年金法も成立し，すべての国民が何らかの年金に加入する「皆年金制度」へ移行したのである。

　高度経済成長のなか，社会は女性の労働力を必要としたが保育所の数が圧倒的に不足し，都市部において保育所増設運動が起こった。こうした状況から無認可保育所も多く設立されたが，保護者の経済的負担が大きく，1968（昭和43）

年に東京都が**無認可保育所**へ公費助成を行った。

(4) 少子高齢化時代をむかえ

　法令（老人福祉法，高齢者の医療の確保に関する法律）や，官庁の行う各種統計などにおいて，わが国では65歳以上の人を高齢者とすることが多い。総人口に占める高齢者の割合は1970（昭和45）年の時点で7.1％となり，2010（平成22）年には23.0％となった。2040（平成52）年には36.1％になると予測されている。[(4)]
一方，戦中を除くと，出生数，**合計特殊出生率**は第1次ベビーブームが起こった1947（昭和22）年から1949（昭和24）年にかけて高くなっていった。一度は下降するものの再度上昇し，1971（昭和46）年から1974（昭和49）年に第2次ベビーブームが起こる。その後は出生数，合計特殊出生率とも下降し，少子化が高齢化の割合を後押しする形となっていったのである。こうしたなか1990（平成2）年に「1.57ショック」と呼ばれる問題が起こった。第2次ベビーブームへと合計特殊出生率が上昇する1960年代において，「ひのえうま」と呼ばれる迷信によって1966（昭和41）年は出産が控えられ，合計特殊出生率がこの年だけ急激に落ち込み，過去最低の1.58を記録したのである。第2次ベビーブーム後に下降し続けた合計特殊出生率であったが，1989（平成元）年の1.57という最低記録が翌年に発表され，大変なショックを与えたのである。

　この「1.57ショック」を受けて1994（平成6）年，文部（現：文部科学），厚生（現：厚生労働），労働（現：厚生労働），建設（現：国土交通）の4大臣の合意により翌1995（平成7）年より10年間の計画として「今後の子育て支援のための施策の基本的方向について」（通称「エンゼルプラン」）が発表された。それ以降，少子化対策が継続して行われている。

(5) 社会福祉基礎構造改革

　少子高齢化の深刻な推計が出され，このままでは財源が大きく不足することが予測された。社会が急速に変化するなかで，体力のあるうちに福祉サービスの基礎を改善しようとする改革が「社会福祉基礎構造改革」である。福祉サー

ビスを必要としている人たちを対象としていた仕組みを大きく転換し，すべての国民を対象とした福祉サービスを実施し，法律やサービスの見直しを行うものである。この改革の柱や理念については，さまざまな立場によっても異なるが，以下の4点を挙げたい。

1点目は，個人の尊厳である。従来は行政がサービスを決める「措置制度」であったが，利用者が提供者を決定し，契約によってサービスの提供を受けることになった。利用者とサービスの提供者は対等であり，利用者にも自己責任が求められる。

2点目は，サービスの向上である。サービスの提供者は，自己点検を行い，第三者による評価を受け，結果を公開する。情報公開によってサービス向上を行うのである。情報は利用者が提供者を選ぶ際の参考になり，質の悪い提供者は，利用者が少なくなり，つぶれることもあるのだ。

3点目は，多様なサービスの提供と参入である。従来はなかった相談事業や手話通訳などのサービスが提供できるようになった。また，多額の資金が必要であった社会福祉法人の設立を見直し，新たな企業が提供者になれるようになった。利用者は多くの提供者から選択ができる。

4点目は，地域福祉の重視である。地域の特性と，地域を構成する住民・企業・組織・団体・サークルを生かし，地域のなかでその人らしい生活が送れるようにしたのである。そのため，都道府県，市町村に地域福祉の計画を策定させるとともに，一部業務を住民により近い市町村に移行させた。

(6) 児童の福祉から児童と家庭の福祉へ

1989（平成元）年，「児童の権利に関する条約」が国連で採択された。従来の「児童は保護される存在」から「児童は権利をもつ主体」へと児童観が大きく転換された。また子育ての責任はその父母が第一義的責任をもつものとし，その責任を果すために国が適切な援助を行うことを定めた。条約の誕生には，エレン・ケイ（Ellen Key）の児童論が反映されたほか，第2次世界大戦で大きな傷を負ったポーランドはコルチャック（Korczak, J.）を紹介するなど，多く

の人びとの思いが条約として実を結んだのである。コルチャックは，自発的な子どもの生活をつくるために「大人に保護された子ども」という従来の子ども観を否定していた。善でも悪でもない，さまざまな可能性をもつ「子ども」と位置づけていたのである。

わが国は1994（平成6）年に批准（同意）し，保育や福祉の現場においても児童観が転換することとなった。折しも「1.57ショック」が起こった。条約の「子育ての責任」と，国内の「少子化対策」。異なる出発点ではあったが，乳児家庭全戸訪問事業，養育支援訪問事業など従来にない支援が行われ，「児童」に加え「家庭」が福祉の対象になったのである。

第2節　イギリスの社会福祉の歴史

（1）近代までの歩み

10世紀，領主は広い土地を所有し，農奴と呼ばれる農民を支配することで地域社会を形成していた。農奴はほかの土地への移動を禁じられ，年貢を取り立てられ，きびしい条件におかれていた。その一方で，万が一の場合には「助けあい」による保障を受けることもできた。その助けあいから外れていた高齢者や障害者・孤児などはキリスト教による慈善活動に助けられていた。慈善活動は神に対する義務として位置づけられ，教会を中心に活動が行われていたのである。

その後14世紀から15世紀にかけて，伝染病による人口減少，反乱などが相次ぎ，農奴から離れ自営する農民が増えてきた。自営農民の増加は助けあいを弱め，土地を手放す農民が出てきたのである。また，戦争による浮浪者も増加し，大量の貧民を生むこととなった。条例を公布するなどの対策を行ったが，急増する貧民に対処することができなかった。1536年には物ごいを禁止するとともに，労働意欲のある者へは仕事を提供し，貧しい児童には徒弟（住み込みで仕事の教えを受ける）の強制が行われるなどの改正が行われたが効果がなく，1601年に「エリザベス救貧法」が制定された。

エリザベス救貧法はこれまで慈善事業として教会が行った救貧対策を，今後は国家が実施することにしたのである。貧民の状況を3つに区別し，(1)「労働の能力のある者」には道具や材料を与えて労働をさせる。(2)「労働の能力がない者」には金品の給付を行う。(3)「扶養する力がない貧しい親の子ども」には徒弟を強制した。財源を安定して確保するために税金を徴収し，治安判事が担当地域の指揮をするようにしたのである。これまでにない画期的な法律であったが，治安判事によって対応に差が生じるなどの問題が発生した。加えて1642年にはピューリタン革命が起こるなど，社会的に不安定な状況が続いた。

　1760年代に産業革命が起こり，手工業や農業の延長で行っていた作業が，機械を用いることで簡単にできるようになった。機械の動力は河川の水であったが，蒸気機関が発明されたことにより河川から離れた都市部でも工場建設が可能になった。産業革命は農業と工業を分離し，労働者は労働力を売ることで賃金を得るようになったのである。工場では未経験者や女性，子どもを安い賃金で雇う傾向が強くなり，これまで作業を行ってきた熟練労働者が大量に失業した。このような状況から1782年にギルバート法が制定され，低賃金によって生活に困っている貧民に対して税金から賃金補助を行うこととなったのである。

　エリザベス救貧法が制定された以降も教会を中心とした慈善事業は継続して行われていたが，18世紀以降は博愛事業の比率が高くなった。慈善事業は宗教的動機が強く，「神に対する義務」であったのに対し，博愛事業は人道的動機が強く，持続には物，人，金が必要不可欠とされていた。実際の場面では，慈善と博愛が明確に区別されないこともあった。[6]

---　エピソード　---

ジェントルマン

　イギリスは階級社会ですが，この階級と博愛事業とを切り離すことはできません。ジェントルマンの生活信条は「高貴な生まれの者は義務を負う」です。市民層と一緒にボランティアを行うことでジェントルマンのモラルが市民層に浸透し「良き市民らしく」行動し，さらにはボランティアを受ける貧民層にまでモラルが広がっていくことが博愛事業の価値であり，理論とされていました。ジェントルマンの物，人，金の

寄附によって博愛事業は成り立っていたのです。その後，この博愛事業はアメリカにも広がりました。特にアメリカ南部では，ジェントルマンの生活様式をまねる成功者が多くいたといわれています。

出所：吉田久一・岡田英己子『社会福祉思想史入門』勁草書房，2000年，85～94頁を参考に筆者作成。

（2）19世紀から今日への歩み

産業革命によって，これまでより貧富の差が生じる結果となった。貧民はよりきびしい生活を送り，農民のなかには土地を失う人たちも出てきた。1830年には農民や労働者の暴動が起こるなど，不満が高まっていった。そこで，1834年には新たな救貧法が制定されたのである。民間の救済活動が活発化してきたが，お互いに連携しないままであった。そうした状況のなか，1869年に慈善組織協会が設立され，救済活動が組織化された。助けを求めてきた人の状況を判断し，救貧法に該当しない人については，慈善組織協会がそれぞれの状況に応じて救済を行うのである。また，「バーネット（Burnett）夫妻」によって，トインビーホールを拠点にして**セツルメント**が行われた。

― エピソード ―

バーネット夫妻の結婚

1873年，夫妻はロンドンでも特に貧しい地域の教会に赴任しました。時計を盗まれたり，物を投げつけられたりもしましたが，地域で展覧会やコンサート，子どもへの指導などを続けているうちに，住民が協力してくれるようになりました。

夫のサミュエル（Samuel）は南北戦争（アメリカの内乱。農業が盛んで黒人を奴隷とする南部と，工業が盛んで奴隷制度廃止を目指す北部が戦い，北部が勝利した）の傷跡が残るアメリカを訪問し，自らの考えを根底から覆される経験をします。帰国後，慈善事業を行うなかで後に妻となるヘンリエッタ（Henrietta）と出会います。ヘンリエッタは「無口で親切なおじさん」であるサミュエルの求婚を断ると慈善事業に参加できなくなると思い，返事を先に延ばしていましたがサミュエルのまじめな思いや人柄を理解し，結婚を受け入れました。もし，ヘンリエッタは「無口で親切なおじさん」の良さに気がつかなかったら，今頃セツルメントはどうなっていたでしょうか。

出所：柴田謙治「バーネット夫妻」室田保夫編著『人物で読む西洋社会福祉のあゆみ』ミネル

ヴァ書房，2013年，90〜96頁を参考に筆者作成。

　また，バーナード（Bernard）は子どもの受け入れを無条件にしたバーナード・ホームを設立した。保証人や利用料を求めないこと，健康診断の結果で施設を決定すること，申し出を拒否しないことを基本とした。この思想はわが国にも伝わり，石井十次らがモデルにした。

── コラム ──

バーナード・ホームの理念

　バーナードは，1866年に貧民学校の監督になりました。あるとき，かろうじて夜露を避けながら寝る，家のない何十人もの子どもたちを見て「何かしなければならない」という気持ちを強くもちました。1868年，貧民学校の隣に活動拠点「イーストエンド少年伝導団」を設立し，1870年には最初のホームを設けました。
　ホームに入所させてほしいと熱心にたのむ子どもがいましたが，ベッドが少ないことから断らなければなりませんでした。数日後，その断った子どもが疲労と空腹で死亡しているのがみつかりました。バーナードは二度とこのようなことが起こらないように誓い，ホームに「貧しい子どもはだれでも受け入れる」という看板を出しました。バーナード・ホームの基本理念は，悲しい出来事からの反省が出発点だったのです。

出所：三上邦彦「トーマス・ジョン・バーナード」室田保夫編著『人物で読む西洋社会福祉のあゆみ』ミネルヴァ書房，2013年，112〜118頁を参考に筆者作成。

　1905年，救貧法と貧困救済を調査する委員会が設立され，報告書が提出された。さまざまな意見が出され，改善が行われた。また1908年には税金で負担する老齢年金が，1911年には加入者から保険料を徴収し，雇用主にも事業者負担をさせる社会保険方式での国民保険が実施された。
　1942年「ベバリッジ報告」が公表された。「揺りかごから墓場まで」の生活保障を目指すが，国がすべての国民に対して最低生活保障を行う「ナショナルミニマム」は，先進国の福祉政策に大きな影響を与えたのであった（72頁参照）。しかし，その後に起きた世界的な不況が影響し，福祉に対する見直しの声が高まったのである。1968年のシーボーム報告や1988年のグリフィス報告は，コミュニティを基盤にした福祉の提言を行い，これらを受け，さらには後述す

るノーマライゼーションの理念も取り入れながら，1990年に「コミュニティ・ケア法」が制定されたのである。生まれた場所や家族・コミュニティから離れ，病院や施設に収容されて長期間のケアや隔離された生活を行うのではなく，地域に戻り，地域で暮らしながらケアを受ける「脱施設」が行われたのである。1990年代後半になると貧困層が増加し，財政がきびしくなることから児童手当などの削減にふみきるなど，決定的な対策をとることができないまま今日をむかえている。

第3節　アメリカの社会福祉の歴史

（1）植民地時代から第2次世界大戦まで

アメリカはイギリスの植民地であった。一獲千金を目指して移住してきた人たちも，全員が成功者にはなれず，病気などで労働ができなくなる人や，景気によって貧しくなる人たちがしだいに増加した。イギリスのエリザベス救貧法をまねた「救貧法」を設ける地域が出てきたのである。

1776年の独立後は教会との分離が行われ，カウンティ（郡）を行政の単位とした救貧制度が実施された。1815年からは深刻な不況となり，マサチューセッツ州の「クインシー・レポート」，ニューヨーク州の「イエーツ・レポート」など貧困に関する報告書が作成された。これらの報告書をきっかけに救済制度の見直しが行われ，1860年までにはほとんどの地域で貧民院が建設された。

19世紀初頭には慈善事業が活発になった。AICP（貧民状態改良協会）が代表的であるが，活動目的は「自分たちの財産と生命を守るために秩序ある社会をつくる」ことである。自分たちの街を守る活動であり，「危険な青少年」を農家に送り込む組織も存在したのである。1873年から世界的な大不況に見舞われたが，イギリスから導入された「慈善組織協会」が各地に広がり，リッチモンド（Richmond, M.）やアダムズ（Addams, J.）が活躍したのである。

―― コラム ――

社会福祉の基礎を築いた人びと（海外）

リッチモンド

　1861年，イリノイ州生まれ。幼くして両親を亡くし，母方の祖母に引き取られます。祖母は心霊主義者であり，公的な教育にも強く反発していたため学校へは通えず，読書で知識を得ました。学校に通ったのは11歳から高校卒業までの16歳まででした。教師を志しましたがかなわず，工場や出版社などで働きました。

　1889年，ボルチモア慈善組織協会に就職しました。地域の支援窓口を一本化し，支援のための調査を行い，担当者が訪問して感化を行う組織の仕事のなかで，リッチモンドは担当者による活動を重視し，訓練の必要性を訴えました。これが実を結び，ニューヨーク慈善組織協会が講習会を開催しました。1917年にはこれまで積み重ねてきたケースワーク論をまとめた『社会診断』を出版し，1922年にはケースワークの基本理念をまとめた『ソーシャル・ケース・ワークとは何か』を出版しました。リッチモンドは，人間と社会の間を個別に，そして意図的に調整することでパーソナリティを発達させる過程をソーシャルワークと定義し，ソーシャルワークを構築しました。

ジェーン・アダムズ

　1860年，イリノイ州生まれ。大学生時代に，後に一緒にハル・ハウスを始めるエレン・ゲーツ・スターと出会いました。卒業後は医師を目指して医科大学に入学しましたが，病気となり医師になることを断念しました。病気で人生を悪く考えるようになっていきましたが，旅行先で生き方を変える出来事が起こります。このとき，トインビー・ホールを訪ね，バーネット夫妻らからセツルメントを学びました。

　1889年，シカゴの貧民街にハル・ハウスを設けました。子どもや移民の問題を取り上げ，社会改良活動の拠点ともなりました。活動は革命的な手段はとらず，あくまでもボランタリー精神による行動によって問題を解決し，社会を改善しようとするものでした。

　出所：日根野建「M.リッチモンド」，木原活信「ジェーン・アダムズ」　室田保夫編著『人物で読む西洋社会福祉のあゆみ』ミネルヴァ書房，2013年，127～132頁，155～161頁，右田紀久惠・高澤武司・古川孝順編『社会福祉の歴史』有斐閣，2004年，151～166頁を参考に筆者作成。

　1920年代前半は自動車産業に支えられて好景気であったが，1929年に株が大暴落し，失業率が25％近くにもなった。1933年，大統領に就任したルーズヴェルトは積極的に金融機関や産業界に介入した。この一連の対策は「ニュー

ディール政策」と呼ばれており，失業者と貧困者に対して「連邦緊急救済法」を制定し，救済水準の引き上げ，専門職の採用をすすめた。1935年に老齢年金制度，失業保険制度，老人扶助，要扶養児童扶助，盲人扶助を内容とした社会保障法が制定された。生活保障のための画期的な制度であった。

(2) 第2次世界大戦後から今日まで

1964年，人種や肌の色，宗教などでの差別を禁止した公民権法が制定。1965年には連邦・州・地方政府が連携し，高齢者が包括的に均一したサービスを受けられるようにした高齢者法が制定されるなど，社会福祉政策が次々と行われるようになった。その一方，公的扶助を受ける人が増加し，引き締めを行った。「1957年の時点で，全人口の19％に当たる3,220万人の人が最低所得水準以下」との報告が1959年に連邦議会へ提出された。こうした報告が相次いで行われ，機会を提供し，自力で貧困を抜けられるようにする従来の方法では解決がむずかしいと認識されるようになった。

1960年代に入り，すべての人が等しく平等に国家から自分の存在を保障されるべきだという「福祉権運動」が起こったが，1970年代に入ると下火になった。結局は「機会を提供し，自力で貧困を抜けられるようにする」かたちへと戻っていったのである。建国以来の「貧困であるのは本人に原因があり，その原因は怠けた態度や心があるからだ」とする根深い国民意識に行き着くのである。

第4節　ノーマライゼーションの理念と歴史的展開

(1) ノーマライゼーションとは

ノーマライゼーションは，受けとり方，年代，立場によってさまざまな表現で定義づけられている。そのなかで用いられることの多いバンク-ミケルセン (Bank-Mikkelsen) の定義は次の様になっている。われわれは「障害をもつ人」も「障害をもたない人」も生活をするうえで何らかの条件や制限がある。だれもが生活をするうえで，できる限り条件や制限が同じ，対等で平等な「ノーマ

ル」になるよう努力し,「ノーマル」な社会を提供するという考え方である。ノーマルを正常,通常,普通と訳すこともあるが,本章ではそのままノーマルと表記することとする。

　ノーマライゼーションには物理的な問題を解決するだけではなく,差別の意識をも解決する必要がある。物理的な問題を解決するだけでは,すべての人が平等に社会に参加することはできないのである。あえてここまで「障害」という表現をして説明したが,バンク-ミケルセンは,知的・身体の障害だけではなく,高齢になって生活に制限が出てきた人や,病気やけがなどでこれまでの生活ができない人などの社会的支援が必要な人などに対しても,支援が必要な状況を受容し,ノーマルな生活条件を提供するとしている。

(2) ノーマライゼーションの発展とわが国の動向

　「ノーマライゼーション」が公式に用いられたのは,1946年にスウェーデンの雇用検討委員会報告書で使用されたのが始まりである。1951年にデンマークで知的障害者親の会が結成された際,3つのスローガンを掲げた。1つ目は,施設は少人数・小規模なものに改めること。2つ目はその施設は親や親せきが生活する地域に設けること。3つ目はほかの子どもと同じように教育を受ける機会をもたせることである。このスローガンを「ノーマリゼーリング(ノーマライゼーション)」というシンボル的な言葉をもちいて表現した。1959年にはバンク-ミケルセンの努力によりノーマライゼーションの理念を盛り込んだ「知的障害者福祉法」が成立する。条文のなかに「知的障害者の生活を可能な限りノーマルな条件に近づける」という内容を明文化したものである。

コラム

バンク-ミケルセンのつらい体験

　1940年にドイツがデンマークに侵攻すると,レジスタンス(侵略者に対する抵抗組織)で活動しましたが,強制収容所に入れられます。そこでのつらい体験が生と死,戦争について考えるきっかけとなりました。

　釈放後に勤務した社会省で知的障害者が非人道的な扱いを受け,強制収容所と変わ

第 3 章　社会福祉の歴史的変遷

らない生活をしていることを知り，大きな衝撃を受けました。障害があっても人間として平等であり，尊厳ある生活を営む権利をもっている。可能な限り障害のない人びとと同じ生活条件でなければならないと考えたのです。

1953年，「知的障害者福祉政策委員会」の委員長に就任しました。1958年には知的障害者に関して「知的障害があっても，その人はかけがえのない人格をもっている。障害のない人と同じように生活する権利をもつ」とする報告書が作成され，その報告を生かした「知的障害者福祉法」が1959年に成立しました。

出所：野村武夫「N. E. バンク-ミケルセン」室田保夫編著『人物で読む西洋社会福祉のあゆみ』ミネルヴァ書房，2013年，227～233頁を参考に筆者作成.

1969年，スウェーデンで知的障害者団体や政府の委員などを務めたニーリエ（Nirje, B.）の著書『ノーマライゼーションの原理』が世界的な反響を呼び，1971年の国連「知的障害者権利宣言」において「ノーマライゼーション」という言葉が公式に採用されることとなった。わが国で広く認識されたのは，国連が1981年を「国際障害者年」と制定したことによるものである。これ以降，ノーマライゼーションはわが国の福祉政策においても，基本的な理念となった。1993年に「障害者対策に関する新長期計画」が策定された。この計画を受けて，障害者対策推進本部（後に障害者施策推進本部と改称）が1995（平成 7）年に具体的な実施計画を立てた。この計画を「障害者プラン」としたのである。1996年から2002年の 7 年間で，障害のある人が地域で暮らせる社会をつくるための計画である。2002（平成14）年には「障害者基本法」にもとづく「障害者基本計画」が策定され，2011（平成23）年からの第三次計画が2017（平成29）年まで実施されている。

一方，民間ではボランティア活動が広がるとともに，ノーマライゼーションの理念が幅広い人びとに浸透し始めた。このなかで特に注目されるのは「バリアフリー」である。バリアフリーは障害者が社会参加する際のバリアを軽くしたり，取り去ったりする取り組みである。道路の段差を小さくしたり，スロープ（傾きのゆるやかな坂）にしたりするのもバリアフリーである。また，ノーマライゼーションの理念が発展しユニバーサルデザイン（文化や国籍，障害や能力を問わず，だれもが利用しやすい施設・設備・製品などのデザイン）があらゆるもの

へ適応されている。

> ─ コラム ─
>
> デンマークと日本
>
> 　バンク-ミケルセンが生まれ育ったデンマークは高い税金の国として知られています。国民は税金を「国に預ける貯金」ととらえています。税金は高いものの、福祉にあてられており、医療費や介護、高齢者の住宅費、さらには葬式までもが税金で負担されることになっているからです。社会のいたる場面でノーマライゼーションが生かされ、バリアフリーが進められています。
>
> 　わが国でもノーマライゼーション、バリアフリーは進められていますが、だれの、何のためのものであるのか、明確になっていません。多額の資金を投じてつくられた施設・設備が使いにくいものであったり、だれにも使われないままであったり、本来の目的とはちがう目的で使われていることがあります。
>
> 　ノーマライゼーションやバリアフリーには、人の姿や生活、生き方を想像し、その人の立場に立った視点が必要ではないでしょうか。これは国の福祉政策だけではなく、福祉や保育を行う私たち一人ひとりにもあてはまることです。見知らぬ人たちに対して「私には無関係の人だから何をしても良い」と思ってはいないでしょうか。最近では「私とは違う人」を面白おかしくとらえ、twitterなどのSNSで広めたりする人もいます。SNS本来の目的とはちがう使い方ですし、何よりも「さまざまな人を受容する」ノーマライゼーションの根本を理解していないことにはならないでしょうか。福祉を発展させてきた人びとは周囲の人へ関心をもち、支えてきました。今、保育や福祉、教育のさまざまな場所で努力を続けている人びともまた同じように周囲の人へ関心をもち、支えています。本書で学んでいるあなたも、ただ「福祉の歴史を学んだ」のではなく、「私も同じ道を歩く」意識をもってほしいと願っています。
>
> 　出所：筆者作成。

【用語解説】

集治監……現在の刑務所。

教誨師(きょうかいし)……受刑者に改心するよう教え論す人。

感化教育……考え方や生き方に影響を与えて、自然に変化させること。

インフレーション……物の値段が上昇し続け、貨幣（お金）の価値が下がること。

無認可保育所……厚生労働省の認可を受けていない保育施設。

合計特殊出生率……その年に15〜49歳の間にある年齢の女性が，一生の間で出産する子どもの平均数を示した統計上の数値。

セツルメント……貧民が多く住む街で一緒に寝泊まりしながら隣人として「援助する者」と「援助される者」との間に友人関係を結びながらかかわり，教育や教養を高める活動や生活を改善する取り組み。

【振り返り問題】

1 わが国の社会福祉を発展させた先人を調べ，本章で取り上げていない先人を一人取り上げて，その活動をまとめてみよう。

2 コルチャックの児童観をポーランドの人びとがなぜ国連で紹介したのだろうか。コルチャックの活躍やその時代背景について調べて，まとめてみよう。

3 身のまわりの施設・設備の「バリアフリー」について調べ，すべての人が平等に社会に参加するための改善点を考えてみよう。

〈引用文献〉

(1) 和宗総本山四天王寺「ホームページ 四天王寺の歴史」2014年11月7日閲覧（http://www.shitennoji.or.jp/history.html）。
(2) 森田せつ子「母子健康手帳——今昔」『健康文化』26号，健康文化振興財団，2000年。
(3) 網野武博「児童福祉法改正の評価と課題——児童家庭福祉の理念および公的責任」『季刊社会保障研究』34-1。
(4) 内閣府『平成25年版高齢社会白書』2014年11月7日閲覧（http://www8.cao.go.jp/kourei/whitepaper/w-2013/zenbun/s1_1_1_02.html）。
(5) 乙訓稔「子どもの権利論の系譜と展開——E・ケイとJ・コルチャックを焦点として」『生活科学部紀要』46，実践女子大学，2009年，61〜71頁。
(6) 吉田久一・岡田英己子『社会福祉思想史入門』勁草書房，2000年，20〜21頁，85〜94頁。
(7) 野村武夫「N. E. バンク-ミケルセン」室田保夫編著『人物で読む西洋社会福祉のあゆみ』ミネルヴァ書房，2013年，227〜233頁。

〈参考文献〉

右田紀久惠・高澤武司・古川孝順編『社会福祉の歴史〔新版〕』有斐閣，2004年。
清水教惠・朴光駿編『よくわかる社会福祉の歴史』ミネルヴァ書房，2011年。
野村武夫『ノーマライゼーションが生まれた国・デンマーク』ミネルヴァ書房，2004年。
山縣文治・岡田忠克編『よくわかる社会福祉〔第10版〕』ミネルヴァ書房，2014年。
山縣文治・柏女霊峰編『社会福祉用語辞典〔第9版〕』ミネルヴァ書房，2013年。

吉田久一『新・日本社会事業の歴史』勁草書房，2004年。
吉田久一・岡田英己子『社会福祉思想史入門』勁草書房，2000年。

(野島正剛)

第4章
社会保障制度の理念と体系

本章のポイント

　児童福祉法では，保育士を「専門的知識及び技術をもつて，児童の保育及び児童の保護者に対する保育に関する指導を行うことを業とする者」と定義しています。つまり，保育所などの施設で保護者にかわって児童を保育するだけでなく，必要に応じて保護者の子育てに関する相談に応じることも保育士の重要な役割の一つです。そして保育士に寄せられる相談のなかで多いのが，子育てを行ううえで必要となる社会資源＝社会保障制度の利用に関する相談です。その意味で保育のプロフェッション（専門職）である保育士にとって，社会保障制度に関する知識は必要不可欠といえます。

　本章では，社会保障制度の機能，現代日本における社会保障制度の基本的体系について解説していきます。

第1節　社会保障制度とは何か

　社会保障制度という言葉から，私たちは何を思い浮かべるだろうか。おそらく医療や年金，介護保険などの制度を思い浮かべるであろう。しかし，保育所や児童養護施設などの児童福祉施設はもちろんのこと，その担い手となる保育士や社会福祉士，介護福祉士といった人材養成もまた広い意味で社会保障制度のなかに含まれている。私たちは意識するしないにかかわらず，社会保障制度を利用しながら日々の生活を営んでいる。このように私たちにとって身近な社会保障制度とはどのような働きをしているのか。最初に，この問題について考

えていきたい。

（1）資本主義社会と生活問題

　社会保障の働きを一言で表現すれば，社会のなかで発生する生活上のニーズに対して公的な支援を提供することで市民生活の維持，さらにいえば社会全体の安定性を維持することにあるといえよう。私たちは人間であるといっても，「生物」であることは他の動物と何らちがいはない。そこにはマズロー（Maslow, A. H.）の欲求段階説の最下層に位置づけられている，生理的欲求という最低限必要な基本的ニーズが存在する。その基本的ニーズの典型例が，衣食住である。

コラム

欲求について

　一般に欲求とは，人間の行動の原動力になると考えられています。人間が生存するために欠かせない食欲や睡眠欲，性欲などいわゆる「生理的欲求」は他の動物にも共通していますが，愛情や尊厳，他者からの承認欲求などの「社会的欲求」は人間に固有の欲求と考えられています。アメリカの心理学者のマズロー（Maslow, A. H.）は，人間は食欲等の生理的欲求が充足すると，自己実現欲求などの高次の欲求を求めるようになることを主張しました。その意味で幼少期において子どもが家庭内外において安全や愛情などの欲求を満たすことは，その後の成長の過程において自己実現に対する意欲を引き出す要因にもなると考えられます。

　出所：マズロー，A. H.／小口忠彦監訳『人間性の心理学』産業能率短期大学出版部，1971年を筆者一部改変。

　現在，私たちは資本主義社会と呼ばれている社会のなかで生活している。資本主義社会において衣食住などの生活必需品は，通常商品として市場のなかで流通している。商品を購入するためには何が必要か。当然であるが，金銭が必要となる。では，どのようにして私たちは金銭を得ることができるのか。多くの人びと（労働者）は自らの「労働力」を提供することで賃金を獲得し，その賃金で生活必需品を購入することで社会生活を営むことができる。だからこそ

私たちは，否応(いやおう)なしに労働に従事する運命にある。

　しかし，「労働力」を提供する人間（労働者）は機械ではない。私たちは，自動販売機やベルトコンベアーのように常時稼動し続けることはできない。私たちが労働力を提供し続けるためには，肉体を維持するためのエネルギー補給が必要となる。そのエネルギーには栄養や休養といった生理的ニーズだけでなく，娯楽や余暇活動（レジャー）といった社会的文化的な要素もふくまれている。また，もし扶養家族がいる場合には，その家族の生活までも維持することが社会的役割として求められてくる。このように私たち労働者は自らの労働力を「再生産」することによってかろうじて労働力を提供することが可能となり，明日の労働にも従事することができるようになる。その結果として賃金を得ることが可能となり，自身の生活を維持することができる。

　ところで，もし私たち労働者が労働力を安定して供給し続けることができれば，生活に支障をきたすことはないであろう。しかし，現実の社会では生活を営むうえで支障をもたらすさまざまな事故の可能性（リスク）が存在している。その代表的なリスクとして疾病や障害，失業，さらには高齢といった事象を挙げることができる。たとえば，年齢を重ねていって高齢者になれば労働ができなくなるばかりでなく，寝たきりになる可能性があることは事前に予測できる事実である。その一方で，突然の交通事故で身体に障害を負って労働ができなくなる，あるいは勤めていた会社が業績悪化によって倒産し失業者になってしまう。このように，事前に予期していないような事故に直面する可能性をだれもがもっている。

　従来，このような生活上のリスクに対処することは「自己責任」であると認識されてきた。つまり，事前にリスクを予測して貯蓄に励んだり，民間保険会社が販売している商品としての保険に加入したりするなど個人で対処するか，それが不可能な場合には家族や親族，あるいは地域の住民同士がお互いの助けあいによって対処することが当然と考えられてきた。無論，個人の生活が自己責任によって運営されるべき性質のものであることは，資本主義社会における鉄則である。だからこそ私たち市民は自由に経済活動を行う権利をもっているし，

自由に職業を選択する権利をもっている。しかし，科学的な社会調査や社会に対する知識＝社会科学が発達するなかで，そのような生活問題は資本主義社会そのものがもたらす構造的な問題であることが認識されるようになってきた。

（2）資本主義社会と社会保障制度

このようにして，生活問題が社会構造に起因することが広く理解されるなかで，それまでレッセフェールの思想の下で抑制されてきた国家による国民生活への直接的な関与の必要性が認識されるようになった。同時に，市民的権利意識の高まりが「社会権」として認識され，権利として社会保障を求める運動も起こるようになった。その意味で，社会保障制度は社会（具体的にいえば資本主義社会）が生み出す構造的かつ歴史的な産物であることを理解する必要がある。

コラム

レッセフェール（laissez-faire：なすに任せよ）

邦訳は自由放任主義となります。政府による市場や個人の経済生活への干渉を極力排除し，市場の自由競争を至上のものとする経済思想です。アダム・スミスの『諸国民の富』はこの立場を代表するといわれていますが，スミスは自由な経済活動が自然に社会全体の調和をもたらすと主張しました。しかし，恐慌や労働運動の激化など社会的矛盾が頻発するようになると自由放任主義を否定し，国家による市場や個人生活への介入が一般的に奨励されるようになりました。こうして生まれた新たな思想が，「福祉国家」の思想です。

出所：ケインズ，J. M.／山田文雄訳『自由放任の終焉』社会思想研究会出版部，1953年を筆者一部改変。

社会保障制度は，資本主義の発展とともに歩みを進めてきた。資本主義が必然的に所得格差や貧困を生み出す以上，それを放置することは国家や産業の発展においてマイナス要因であることが社会調査や社会科学の発展にともなって一般に認識されるようになった。したがって，私たちは社会保障制度の第一義的な機能を国民の所得保障に求めることができる。

所得保障を別の言葉で表現すれば，国家がすべての国民に対して最低限度の

生活を保障することを意味している。この考え方を提唱したのは，イギリスの**ウェッブ夫妻**（Webb, S., and Webb, B.）である。ウェッブ夫妻は1909年の「勅命救貧法委員会」のメンバーで，当時としては少数意見であった救貧法の廃止を主張し，すべての国民に対して最低限度の生活水準を保障することを主張した。ウェッブが提唱したこの主張はナショナルミニマムと呼ばれ，イギリスをはじめとした世界中の社会保障制度の整備に大きな影響を与えることになった。日本におけるナショナルミニマムは日本国憲法第25条の生存権条項，さらには生存権を具体的に保障するための制度である生活保護法第1条に明確に規定されている。

ところで，社会保障制度にかかる費用は，私たち労働者が納める税金によってまかなわれている。一般に社会保障制度が発達した福祉国家と呼ばれている国々では**累進課税方式**と呼ばれている税方式が採用されており，高所得者はより多くの税負担が求められているのが通例である。つまり，社会保障制度は生活に必要な資料（具体的にいえば貨幣）を高所得者から低所得者へと移行・配分する機能をともなっている。これが社会保障制度のもつ「所得再分配機能」である。このように社会保障制度は「所得保障」や「所得再分配」をとおして，資本主義社会が生み出す貧困や所得格差の是正を志向する機能をもっている。

以上，みてきたように，社会保障制度は国民の所得＝生活保障を目的としているが，それは一部の低所得者の利益だけに還元される性質のものではない。社会保障制度は国民の生活保障を通して，順当な「労働力の再生産」や「階級調和」をもたらし，社会全体の安定を志向するなかで資本主義国家のさらなる発展を保障する制度でもある。社会保障制度が資本主義の構造的産物であるという本来の意味は，ここに存在している。

第2節　現代日本における社会保障制度の体系

戦後日本における社会保障制度の骨格となったのが，1950（昭和25）年に社会保障制度審議会（大内兵衛会長）がとりまとめた「社会保障制度に関する勧

告」である。同勧告では社会保障制度を「疾病，負傷，分娩，廃疾，死亡，老齢，失業，多子その他の困窮の原因に対し，保険的方法または直接公の負担において経済保障の途を講じ，生活困窮に陥った者に対しては，国家扶助によって最低限度の生活を保障するとともに，公衆衛生および社会福祉の向上を図り，もってすべての国民が文化的社会の成員たるに値する生活を営むことができるようにすること」と定義づけている。つまり，社会保障制度を狭義にとらえれば，社会保険，国家扶助（公的扶助），公衆衛生および医療，社会福祉をその範疇に組み入れることができる。一方で，現代の社会保障制度は住宅政策や雇用政策，教育政策とも密接に関連しており，このような関連制度も社会保障制度の概念に組み入れる主張も存在する（広義の社会保障）。

現代の日本の社会保障制度は，大きく分けて社会保険制度（年金保険，医療保険，労働災害保険，雇用保険），公的扶助制度（生活保護制度），社会手当（児童手当，児童扶養手当など）の3つの制度によって構成されている。本節では，社会保障の財源，社会保険，公的扶助を中心に日本の社会保障制度の仕組みを解説していく。

（1）社会保障制度の財源

社会保障制度の財源は，それぞれの制度によって大きく異なる。以下，社会保険，公的扶助，社会手当の財源を確認していく。

1）社会保険の財源

社会保険制度における財源（保険基金）は，その被保険者となる国民からの社会保険料（拠出），国家や地方自治体による補助金（公的補助），さらには労働者を雇用する雇用主による負担（拠出）などによって確保されている。むろん，その負担比率や雇用主負担の有無などは，個々の社会保険制度によって異なるのが現状である。たとえば，年金保険制度の財政方式には大きく「積立方式」と「賦課方式」の2種類があり，それぞれの国家によって採用する方式が異なっている。「積立方式」の場合には年金給付にかかる必要な原資を保険料として国民に負担（拠出）させ，積立確保するのに対して，「賦課方式」は年金

給付にかかる必要な原資を年金給付の時点における現役世代の負担によってまかなう方式である。日本における年金保険は「積立方式」からスタートしたが，現在はほぼ「賦課方式」に移行したといえる。

コラム

年金不信について

　近年，ニュースなどで年金の問題が取り上げられることが多くなっています。そうしたニュースに接したとき，自分は将来年金を受給できるのか，という不安を感じたことはないでしょうか。そうした不安をもたらす原因の一つに，年金の「財政方式」の問題があります。一般に医療保険や失業保険では加入期間が短くても保険金を取得できるようになるため，制度が創設された直後から保険金の受給者が発生する特徴があります。そのため「積み立て方式」では対応できず，賦課方式を採用するのが通例です。一方，年金保険では保険金を受給するためには長い加入期間が必要となります。そのため，賦課方式を採用すると時間の経過とともに現役世代の保険料の負担が増大する結果となります。特に少子高齢化が進む現代において，現在の年金制度を維持しようとすると，現役世代の負担が必然的に大きくなります。その結果，「自分が支払っている保険料は自分のためには使われない」という不信感を生み出すことになるのです。

　出所：佐口卓『社会保障概説（第二版）』光生館，1976年を筆者一部改変。

　その他，医療保険や介護保険では保険料負担（拠出）の他に，自己負担が発生する。医療サービスや介護保険サービスを利用した場合に，医療サービス利用の場合には実質3割負担を，介護保険サービス利用の場合には実質1割の負担を求められる（応益負担）。その一方で，自己負担がともなわない労災保険（雇用主の拠出，国庫負担のみで運営）のような制度も存在している。

2）公的扶助，社会手当の財源

　このように社会保険制度は一般的には対象となる被保険者（国民）が保険料を支払う（拠出）ことで保険基金が構成され，制度運営がなされている。それに対して，公的扶助の場合には自己負担がともなわず，扶助にかかる財源は全額国庫（公的）負担によって賄われている。それは次節で確認するように，社会保険の機能が，国民が生活難（貧困）に陥るのを事前に防止する「防貧機能」にあるのに対して，公的扶助の機能は貧困に陥った国民を事後的に救済す

る「救貧機能」をもっていることと関係している。公的扶助は自己負担（拠出）が発生しないかわりに，資産や稼働能力，扶養義務者の有無などを厳密に判定する資力調査（ミーンズ・テスト）が実施され，ナショナルミニマム以下の生活水準と判断された場合に限って，公的扶助による救済が開始される。

（2）社会保障制度の概要

以下，日本の社会保険制度（年金保険・医療保険・労働者災害補償保険・雇用保険・介護保険）と公的扶助制度（生活保護制度）の内容について解説する。

1）年金保険

日本の年金制度は，大きく国民年金，厚生年金・共済年金の3種類に分類される。さらに，日本の年金制度は3段階構成になっており，1階部分には基礎年金制度としての国民年金が，2階部分には厚生年金や共済年金が，さらに3階部分には厚生年金基金や確定給付企業年金，確定拠出年金などが位置づけられている。

日本の基礎年金となる国民年金は，20歳以上60歳未満の国民の加入が義務づけられている。実際の給付の種類は老齢給付，障害給付，遺族給付の3種類があり，国民年金としては老齢基礎年金，障害基礎年金，遺族基礎年金がそれぞれ支給される。給付の条件となる国民年金保険料は，第一号被保険者（自営業者や学生），第二号被保険者（主にサラリーマンなどの被用者），第三号被保険者（第二号被保険者の配偶者）によってそれぞれ異なる。一例として第一号被保険者の保険料を取り上げてみると，2014（平成26）年度で月額15,040円となっている。低所得者に対しては，保険料の免除を受けられる申請免除制度などがある。

老齢基礎年金は，25年以上保険料を納めた者が原則65歳に達した際に受給することができる。20歳で加入して45年間保険料を完納すると，満額778,500円（2013年度の場合）が支給される。なお，老齢基礎年金は受給資格のある原則65歳以上の者が受給できるが，60歳からの繰り上げ受給も可能である（その場合には年金支給額が一部カットされる）。

障害基礎年金は，被保険者が障害認定を受けた場合に支給される。障害基礎年金の支給は，被保険者の保険料納付が被保険者期間の3分の2以上あることが条件となっている。

遺族基礎年金は，被保険者等が死亡した場合に，18歳未満の児童がいることを条件に支給される。遺族基礎年金の支給は障害基礎年金と同様に，被保険者の保険料納付が被保険者期間の3分の2以上あることが条件となっている

2）医療保険

日本における医療サービスの特徴は，すべての国民が何らかの公的な医療保険制度に加入する国民皆保険体制にある。つまり，社会保険としての医療保険制度に加入し保険料を納めることで，疾病や傷害を患った場合に一部の自己負担のみで治療や投薬などの保険医療サービスを身近に受給することができる。

日本における公的医療保険は公的年金制度と同様に，その内容は職域によって異なる。代表的な医療保険制度には主に自営業者を対象とした国民健康保険や，サラリーマンを対象とした健康保険，公務員を対象とした公務員共済，船員保険などがある。投薬や手術など保険医療サービスに要した費用のなかで，被保険者である国民が保険医療機関や薬局の窓口で支払う自己負担額は原則3割である。残りの7割が保険給付として，それぞれの保険を運営する保険者から審査支払機関を通して医療機関に支払われる。なお，現在多くの疾病，傷害が保険診療の対象となっているが，健康診断や美容整形，通常分娩による出産にかかる費用などは保険診療の対象とはならない（全額が患者の自己負担となる）。

なお，かつては退職後の高齢者は国民健康保険に加入することが一般的であったが，急速な少子高齢化にともない高齢者医療にかかる費用は増加の一途をたどり，国民健康保険制度の維持が困難な状況に陥った。こうした状況のなかで2008（平成20）年に創設されたのが，後期高齢者医療制度である。同制度の創設により，75歳以上の高齢者（65歳以上で寝たきりの状態にある者をふくむ）は，全員同制度に組み入れられることになった。給付内容は他の保険制度と同様であるが，自己負担額は原則1割（現役世代並みの所得がある者は3割）である。また介護保険の自己負担額と同制度の自己負担額の合算額が限度額を超えた場

合には，その額が払い戻しされる高額介護合算療養費制度が2008（平成20）年に創設された。

コラム

「2025年問題」とは
——2,200万人，4人に1人が75歳以上の超高齢社会——

2025（平成37）年に何が問題となるのか。2025年はいわゆる団塊の世代が，75歳以上の後期高齢者になる年です。団塊の世代とは戦後の1947（昭和22）年から1949（昭和24）年の間に出生した世代で，現代の人口層のなかでもっとも人数が多い世代です。長寿社会は無論望ましいことですが，高齢者が増加する一方でその医療や介護を支える若年労働者人口は減少していくことが明らかになっています。今後増加していく高齢者の医療や介護をどのようにして支えるのか，2025年問題は日本の社会保障制度の方向性を決める重要な論点となります。

出所：武藤正樹『2025年へのロードマップ（第二版）——医療計画と医療連携の最前線』医学通信社，2014年を筆者一部改変。

3）労働者災害補償保険

1947（昭和22）年に創設された労働者災害補償保険制度は，労働者が職務中に傷病に罹った場合や死亡した場合に補償を行う制度である。労働者に対して確実な補償を行うことで，労働者とその家族の生活を支援し，労働時間や労働環境などの適切な労働条件を整備するための制度でもある。

労働者災害補償保険の大きな特徴は，他の社会保険制度とは異なり労働者の保険料拠出がなく，財源はすべて国庫補助および労働者の雇用主が負担する点にある。また，労働災害の発生率は業種によって異なるため，雇用主が負担する保険料も業種によって異なるという特徴をもつ。補償の前提となる労災認定は，労働基準監督署が行う。労災は大きく業務災害と通勤災害に区別することができ，保険給付もそれぞれ療養給付等の現物給付と，休業給付，傷病給付，傷害給付等の現金給付に分かれている。

4）雇用保険

失業はすべての労働者が直面する可能性のある，資本主義社会における代表

的な生活上のリスクである。失業は即座に生活困難に直結するが，そうしたリスクを事前に予測して失業した場合に必要な資金を給付したり，再雇用に必要な技術を提供したりするなどの一連の対応策が雇用保険によって提供されている。現在の雇用保険制度は，1974（昭和49）年に制定された「雇用保険法」にもとづいて国が保険者となり運営されている。雇用保険の財源は，事業主と被雇用者（労働者）が拠出する保険料と国庫負担によって構成されている。

　雇用保険制度による給付の基本となる失業等給付は，求職者給付（基本手当てなど），就職促進給付，教育訓練給付，雇用継続給付（高年齢雇用継続給付，育児休業給付，介護休業給付）に分けられる。その他，雇用保険制度は失業者に対する経済的支援のみならず，再就職の促進や失業の予防を目的とした雇用安定事業や能力開発事業についても重要な位置づけを与えている。

5）介護保険

　介護保険制度は，2000（平成12）年に施行された新しい社会保険制度である。その目的は高齢化の進展にともない問題化していた「社会的入院」を解消するため，医療ニーズとは異なる「介護」を医療保険制度から切り離すことで，医療保険が抱えていた財源の圧迫を解消することにあった。

　1997（平成9）年に公布された介護保険法第1条には，「この法律は，加齢に伴って生ずる心身の変化に起因する疾病等により要介護状態となり，入浴，排せつ，食事等の介護，機能訓練並びに看護及び療養上の管理その他の医療を要する者等について，これらの者が尊厳を保持し，その有する能力に応じ自立した日常生活を営むことができるよう」とその目的が掲げられている。つまり，高齢者の「自立」こそが介護保険制度の基本理念となっている。

　介護保険制度の保険者は各市町村および特別区である。一方，被保険者は第一号被保険者（65歳以上の高齢者）と第二号被保険者（40歳以上65歳未満の医療保険加入者）の2つに区分される。第一号被保険者については要介護認定や要支援認定を受けた場合に，介護保険の給付を受けることができる。一方，第二号被保険者の場合には認知症等の特定疾病に限り，要介護認定や要支援認定を受けた場合に同じく保険給付を受けることができる。

要介護・要支援認定は保険者である市町村が行うが，そのプロセスはコンピュータによる一次判定と市町村に設置される介護認定審査会による二次判定によって決定される。現行の制度では要支援2段階，要介護5段階の合計7段階の判定基準が用いられている。

　要介護認定を受けた者に対しては施設サービスをふくめた介護給付が，要支援認定を受けた者に対しては介護予防サービスをふくめた予防給付がそれぞれ現物支給される。なお，サービスに要した費用のなかで原則9割が保険給付の対象となり，被保険者（サービス利用者）の自己負担は1割となっている。

6）生活保護制度

　日本の代表的な公的扶助制度が，生活保護制度である。生活保護制度は，日本国憲法第25条の生存権条項を具体的に保障する制度として，現在に至るまでその役割を担ってきた。生活保護は国が保障する最低生活水準（ナショナルミニマム）に生活水準が届かない場合に限り，その不足部分を生活保護によって補足する（**保護の補足性の原則**）。扶助の種類は生活扶助，教育扶助，住宅扶助，医療扶助，介護扶助，生業扶助，助産扶助，葬祭扶助の8種類が制度化され，それぞれの要保護者のニーズに応じて組みあわせて支給される。

　生活保護法は上述した国民の最低生活保障とともに，被保護者の「自立助長」をあわせてその目的としている。2005（平成17）年度から新たに「自立支援プログラム」が導入され，生活保護の実施機関による被保護者の「個別支援プログラム」の策定や，ハローワークによる「生活保護受給者等就労支援事業」が開始され，被保護者の自立に向けた支援が展開されている。

　近年の生活保護の動向をみると，被保護人員，保護率，被保護世帯数共に，1990年代中頃から増加の傾向を示し，保護受給者および受給世帯数ともに戦後の混乱期を抜いて過去最多を更新している。

― コラム ―

保護の補足性について

　生活保護制度は，社会保障制度のなかでしばしば「最後の砦」（セーフティネット）

と表現されます。その意味をもっとも体現しているのが，この「保護の補足性」原理です。生活保護法第4条に「保護は，生活に困窮する者が，その利用し得る資産，能力その他あらゆるものを，その最低限度の生活の維持のために活用することを要件として行われる」「民法に定める扶養義務者の扶養及び他の法律に定める扶助は，すべてこの法律による保護に優先して行われるものとする」と規定されているように，生活保護は資産や能力，扶養義務者の扶養，さらには生活保護法以外の社会保障制度はすべて優先して活用することが保護の条件となっています。

出所：小山進次郎『生活保護法の解釈と運用』日本社会事業協会，1950年を筆者一部改変。

第3節　社会保険と公的扶助の相違

　前節までに確認したように，国民が生活困難になることを予防もしくは生活困難に陥った場合に救済する機能をもつ制度が社会保障制度である。現代社会（資本主義社会）において貧困問題の発生が必然的なものである以上，資本主義経済（市場経済）を導入する国家において社会保障制度が発達するのは歴史的必然であるといえる。本節では，現代における社会保障制度の中心的制度である社会保険制度と公的扶助制度を比較検討することで，社会保障制度の基本体系について説明する。

（1）社会保障制度の目的

　社会保障制度の目的は多岐にわたるが，その第一義的な機能といえば所得保障にあることは最初にふれたとおりである。現代社会（資本主義社会）においては，個人の生活は個人の責任でもって経営することが原則とされている。しかし，賃労働によって労働力を供出することによってのみ生存可能な市民（労働者）が仮に疾病や障害によって労働能力を欠損した場合，稼動することが困難となり労働の対価としての賃金を得ることが不可能となる。現代社会において生活に必要な資料はすべて商品として市場のなかで流通しているため，賃金の不足および欠損は生活資料を購入する機会を喪失させてしまう。こうした

疾病や障害，さらには失業などによって生活手段の購入をできなくなる（なった）事態に対応するのが国民の所得保障を目的とした社会保障制度である。

（2）社会保障制度と社会保険

　社会保障制度にはいくつかの種類が存在するが，そのもっとも基本的な制度は社会保険制度である。ピアソン（Pierson, C.）は，社会保険制度の成立を福祉国家成立の指標の一つに据えているが，制度の視点からみた場合，社会保険制度の導入を福祉国家成立の要件に据える考えは大方の同意を得られるものと思われる。それでは，社会保険制度が福祉国家成立の要件になる根拠は何か，換言すれば現代の社会保障制度のなかで何故に社会保険制度が中心的な存在となるのかを次に考えてみたい。

　第2次世界大戦後の冷戦構造のなかで，資本主義国家存続のために各国の重要な政治課題となったのが経済成長や軍事成長とともに社会保障制度の整備であった。社会保障は国民の所得保障や所得再分配等の実質的な機能の他に，国家が資本主義体制を維持するための政治的なイデオロギー的機能をもっている。第2次世界大戦後の先進資本主義国が自国の社会保障制度のモデルとしたものが，福祉国家を標榜したイギリスの社会保障制度である。イギリスの社会保障制度は300年以上存続した救貧法史のうえに成立したが，第2次世界大戦後の社会保障制度構築の指針となったのが1942（昭和17）年に提出されたベバリッジ報告である。ベバリッジ報告とは，イギリスの経済学者であるベバリッジ（Beveridge, W. H.）が中心となってまとめた，第2次世界大戦後のイギリスにおける包括的社会保障制度に関する将来的ビジョンである。原文名がSocial Insurance and Allied Service（社会保険および関連サービス）であるように，ベバリッジの構想のなかでは社会保険制度を社会保障制度の中心的制度に据えることが意図されていた。具体的には，戦後のイギリスが克服すべき課題を「5つの巨人」（窮乏，疾病，無知，不潔，怠惰）にたとえて，その予防のために社会保険制度が中心となって対応することが構想されていたのである。

　社会保険制度の特徴は，疾病や失業など生活困難をもたらすリスクに対して

一般に「保険原理」といわれる方法を採用して相互扶助的に救済する点にある。保険原理の特徴の第1は、対象となる集団（保険集団）のなかで発生するリスクが一定の規則性をもっている場合において保険が成立することである。具体的にいえば、失業や疾病など保険集団のなかで一定の割合で発生することが予測されるリスクに限り、そのリスクに対応する保険の成立が可能となる。医療保険や雇用保険など類似の制度が社会保険制度を導入する国において共通して存在するのは、こうした国民すべてに共通してリスクとなる可能性が高いからである。保険原理の第2の特徴は、「保険基金」といわれる保険集団による持ち寄りの金銭によって構成される財産の構成が必須な条件となっている点である。具体的には保険料として保険集団から徴収されるが、こうして徴収された基金から特定のリスクが発生した保険集団の構成員に対して保険金として金銭が支払われる仕組みが第2の特徴である。保険原理の第3の特徴は、収支均等という原則が貫徹している点である。つまり、保険料の徴収と保険金の支払いの水準が均衡に保たれ、過不足にならないようにバランスが図られている点である。保険は特定のリスクが予想される場合に成立するが、リスクの発生率が厳密に考慮されている所以（ゆえん）はここにある。

　保険制度である以上、保険原理は公私を問わず基本的には共通して貫徹している性質のものである。しかし、公的保険である社会保険制度においては民間保険にはみられない特質があることを見すごすことはできない。その特質の第1は、国家の運営管理で制度が維持されているという点である。つまり国民の生活保障を国の直接的な統治のもとで行うという特徴がある。第2は、保険制度の事務運営、さらには保険基金そのものに対して国庫負担があるという点である。これは第1の特質とも関連しているが、国民の生活保障を国の責任で関与することの裏返しの表現でもある。第3に、保険集団つまり社会保険制度においてはすべての国民が保険集団となるが、こうした保険集団に対して任意ではなく強制加入させるという特徴をもっている。すなわち、社会保険制度は国民から強制的に保険料を徴収し、それをリスクの対応に備えるという国民間の相互扶助的な救済の側面をもっている。

以上のような特徴をもつ社会保険制度は，イギリスのみならずドイツや日本においても社会保障制度の中心的存在として整備されている。その第一義的な機能は何といっても「貧困の予防」にあるといえよう。すなわち，貧困を救貧法によって事後的に救済する前に，あらかじめ貧困を予防・防止することが，資本主義にとって合理的かつ効果的な社会保障になると考えられたのである。

　イギリスの社会保障制度をモデルとした国々は，社会保険制度を中心に据えることで随時社会保障制度を整備してきた。それは先に述べたように貧困を予防するとともに社会保険制度の対象となる国民を強制加入させて保険料を拠出させるため，国家財政にとってもきわめて合理的な方法であるからである。しかし，社会保障制度の主体となる国家の合理性と対象となる国民のニーズとはかならずしも一致するとは限らない。たとえば，社会保険における保険金の給付は一定期間以上の保険料の拠出が条件となるし，そもそも保険料を支出することができない国民も存在する。つまり，社会保険制度が保険原理を原則としている以上，その条件を満たすことができない場合には社会保険制度による救済の網の目から漏れてしまう危険性がある。こうして，社会保険制度の網の目から漏れた国民を救済するために，社会保障制度は社会保険制度以外にも公的な救済制度を整備しているのが通例である。その公的な救済制度こそが公的扶助制度である。ベバリッジ報告は社会保険制度の整備と同時に社会保険制度を補完する公的扶助（国民扶助）の制定を提案していた。つまり，報告は社会保険制度を中心とした社会保障制度の整備を指向する一方で，その網の目から漏れる国民の存在を想定し，同時に公的扶助制度の整備も提案していたのである。

（3）社会保障制度と公的扶助

　公的扶助の機能は，社会保険の機能と対比させるとその特質が明らかになる。日本における公的扶助とは一般的に生活保護制度を指すが，公的扶助の機能を一言するならば貧困者の事後的救済による生活保障であるといえよう。公的扶助の第1の特徴は，社会保険とは異なり対象者の拠出（自己負担）が存在せず，

第 4 章 社会保障制度の理念と体系

表 4-1 社会保険制度と公的扶助制度の相違

	社会保険制度	公的扶助制度
適用条件・対象	労働者（原則は強制加入）	貧困の事実（国民一般）
給付にかかる費用	加入者による拠出等	全額公費負担
給付の開始	特定のリスクの発生	ミーンズ・テストによる選別
機能・目的	予防（防貧）的機能	救貧的機能

出所：佐口卓『社会保障概説（第二版）』光生館，1987年，14～15頁より引用し筆者作成。

財源は基本的には全額公費負担で賄われている点である（無拠出）。第2の特徴は，社会保険の対象が予定された特定のリスクを対象としているのに対して，公的扶助は貧困という事実にのみ着目して生活保障を行う点である。つまり，公的扶助の場合，社会保険制度とは異なり貧困の原因が問われないという特徴がある。第3の特徴は，社会保険が特定するリスクが発生した場合，リスクを受けた対象者にほぼ自動的に給付が開始されるのに対して，公的扶助の場合には，貧困の事実を確認するためのミーンズ・テスト（資力調査）が対象者に課せられる。

以上，みてきた公的扶助の特徴は一例にすぎないが，社会保険と公的扶助の相違をまとめるとおおよそ（表4-1参照）のようになる。すなわち，社会保険が貧困を予め予防する防貧的機能をもっているのに対して，公的扶助は社会保険の網の目から漏れた貧困者を事後的に救済する救貧的機能をもっている。

【用語解説】

社会権……社会権とは，一般的に国民が自身の生存や生活に必要な条件を国家に対して要求することができる権利のことを指す。具体的には，日本国憲法第25条（生存権），第26条（教育を受ける権利），第27条（勤労の権利），第28条（労働基本権）に規定されている。

ウェッブ夫妻……シドニー・ウェッブとビアトリアス・ウェッブの夫妻（1892年結婚）。1909年の勅命救貧法委員会では，救貧法の廃止と国民の生活保障（ナショナルミニマム）を主張し，ベバリッジ報告の基礎を築いた。

累進課税方式……累進課税とは，課税対象の増加に比例して高い税率が課される課税方式である。その目的は「所得の再分配」にあり，富や利益を一部の階層だけに集中させるのではなく，国民全体に配分することで社会全体の福祉の向上を図ることにある。

ミーンズ・テスト……資力調査とも称される。公的扶助を適用する場合に，その資産や所得の状況を把握し，その要否を確認するために行う調査。生活保護法では収入や稼働能力や扶養義務者の有無，さらには活用可能な社会保障制度の有無等が調査の対象となっている。

【振り返り問題】

1 「社会保障」と「社会福祉」の用語の相違について考えてみよう。両者はどのような関係性にあるのか，テキストや文献をとおして調べてみよう。

2 保護者から保育士に寄せられる社会保障制度に関する相談のなかで，どのような内容のものが多いのか。実際に保育所を訪ねて保育士にインタビューしてみよう。

3 本章で学んだ社会保障制度のなかで興味をもった制度を1つ取り上げ，その制度を利用するための条件や相談窓口などを調べてみよう。

〈参考文献〉
秋元美世他編『社会保障の制度と行財政（第2版）』有斐閣，2006年。
岩田正美・岡部卓・清水浩一編著『貧困問題とソーシャルワーク』有斐閣，2003年。
大河内一男『社会政策の基本問題』著作集第五巻，青林書院新社，1969年。
風早八十二『日本社会政策史』日本評論社，1937年。
吉賀成子監修／ミネルヴァ書房テキストブック編集委員会編『介護福祉士――人間と社会編』ミネルヴァ書房，2012年。
小山進次郎『生活保護法の解釈と運用（復刻版）』全国社会福祉協議会，1991年。
佐口卓『社会保障概説（第二版）』光生館，1976年。
社会保障制度審議会事務局編『社会保障制度に関する勧告』社会保障団体懇話会，1950年。
隅谷三喜男『日本の労働問題』東京大学出版会，1967年。
田代国次郎『日本の貧困階層』童心社，1968年。
田代国次郎・畠中耕『現代の貧困と公的扶助』社会福祉研究センター，2008年。
野口勝己・山西辰雄編著『社会福祉要論――その基本と今日的課題』川島書店，2013年。

ピアソン, C./田中浩・神谷直樹訳『曲がり角にきた福祉国家——福祉国家の政治経済学』未來社, 1996年。
椋野美智子・田中耕太郎『はじめての社会保障（第4版）』有斐閣, 2006年。
山田雄三監訳『社会保険および関連サービス——ベヴァリッジ報告』至誠堂, 1969年。

（畠中　耕）

第5章
社会福祉の制度と法体系

> **本章のポイント**
>
> 　社会福祉，特に「福祉にかかわる仕事」について語るとき，「……大変なお仕事ですね……！」と感心される場面が少なくないように思いませんか。
>
> 　たしかに，「福祉の仕事って，大変だけれど……，それ以上にやりがいのあるもの（そう思いませんか）ですよね」。「福祉の仕事」の多くは，人が生活するうえで，障壁となりがちな「貧困・障害」といった重い課題をそのまま引き受けなければならないにもかかわらず，人との出会いやふれあうなかに温もりや感動を与えてくれる，そんな思いが伝わってくるからではないでしょうか。
>
> 　そういった心の温もりを感じられる思いを，支援サービスの提供をとおして実現させていくことが保育士の専門性の課題の一つとして求められています。
>
> 　本章では，社会福祉の制度と法体系，実施体制等の役割・機能について理解し，保育士の活動の向上に資することができるよう学びを深めていきます。

第1節　社会福祉の実施機関

（1）社会福祉の主な法律とその概要・目的

　社会福祉における諸制度は，生活保護制度の基本としてのナショナルミニマ

ムの保障を基本理念として「幸福」を追求するための社会的な方策（第1章第1節参照）を実現させていくことを主たる目的としたさまざまな法令・制度を基盤として整備されている。その基本理念の目標とする「しあわせに暮らすことができる社会」は，社会福祉サービスの提供・実践をとおして実現されてくる。

わが国の社会保障制度については，社会的弱者の救済や生活の安定のために最低生活を確保する目的や理念の下で，公的扶助・社会保険・社会福祉・公衆衛生（医療）の4つに分けることができ，そのうち社会福祉に関する法律については，その法律の性格から，憲法に定める生存権の保障を具体的に展開するため，社会福祉サービスの内容や実施体制に関する基本的な事項を定めた法律，扶助・援助（貧困者・低所得者への援助）等の所得保障に関する法律，福祉サービスに関する法律，介護サービスに関する法律，保健サービスに関する法律，組織運営・資格に関する法律等に整備されている。

社会福祉サービスの内容や実施体制等，特に社会福祉サービスの内容については，その成立した時代背景と変動する国民生活から社会福祉の仕組みそのものも国民のニーズに答えるべく改革が求められ，**福祉3法**から**福祉6法**へ，そして現在の**福祉8法**へと改正されてきた。しかしながら，社会福祉制度全般を支える基本的な仕組みは，1951（昭和26）年の社会福祉事業法制定以来，大きな改正はされなかったが，社会経済の発展にともない増大し多様化する国民の福祉ニーズに対応することへの困難性が見込まれることから，1990年代の後半から社会福祉の基本的な仕組みについて見直しが行われきた。この一連の過程を「社会福祉基礎構造改革」という。

社会福祉基礎構造改革では，「国民が自らの生活を自らの責任で営むことを基本」とし「自らの努力だけでは自立した生活を維持できない場合に社会連帯の考えに立った支援」，「個人が人としての尊厳をもって，家庭や地域の中で，その人らしい自立した生活が送れるように支える」ことを理念とし，①利用者と支援者の対等な関係の確立，②地域での総合的な支援，③多様な主体の参入促進，④質と効率性の向上，⑤透明性の確保，⑥公平かつ公正な負担，⑦福祉文化の創造の7つが基本的方向として示されている。(1)

社会福祉に関する法令は，日本国憲法を基本として，法律（国会が定める），政令（内閣が定める），省令（所管の大臣が定める），条例（地方公共団体・市町村が定める）等数多くのものがあり，法体系が形成されている。

　児童福祉法を例としてみても，法律（児童福祉法），政令（児童福祉法施行令），厚生労働省令（児童福祉法施行規則・児童福祉施設の設備および運営に関する基準）などとなっている。

　社会福祉関連法の主な法律は，社会福祉サービスの内容や実施体制に関する法律，「現金給付」と施設や在宅での福祉サービスなどの「現物給付」とに分類される。制定順にみると，(旧)生活保護法（1946〔昭和21〕年），児童福祉法（1947〔昭和22〕年），身体障害者福祉法（1949〔昭和24〕年），生活保護法（1950〔昭和25〕年），知的障害者福祉法（1960〔昭和35〕年），老人福祉法（1963〔昭和38〕年），母子及び父子並びに寡婦福祉法（1964〔昭和39〕年に母子福祉法が成立，1981〔昭和56〕年に母子及び寡婦福祉法となる，さらに，2014〔平成26〕年に現在の法律名に改称）があり，これらの法律は通称「福祉六法」と呼ばれている。

（2）社会福祉を支える行政の仕組みと実施機関

　国は社会福祉の法律の策定および政策の企画・立案など社会福祉にかかわる基本的な制度設計を中心に担っており，それにもとづく実際の福祉サービスの提供は地域住民に一番身近な市町村が担当し，都道府県は福祉サービス供給主体にかかわる事務や市町村支援を行うこととなっている（市町村には政令指定都市と中核市がある。政令指定都市は都道府県と同様の業務と権限，中核市もこれに準じた業務と権限をもっている。図5-1「社会福祉の実施体制」参照）。

　国や地方自治体が社会福祉サービスを実施するにあたっては，さまざまな法令によって実施する内容が定められており，それぞれの法律の該当する条文のなかで実施権限の所在について示されている。

　児童福祉法を例にみると，児童相談所について，第12条で都道府県（政令指定都市をふくむ）は，「設置しなければならない」とその設置を義務づけた規定をしている。

第 5 章 社会福祉の制度と法体系

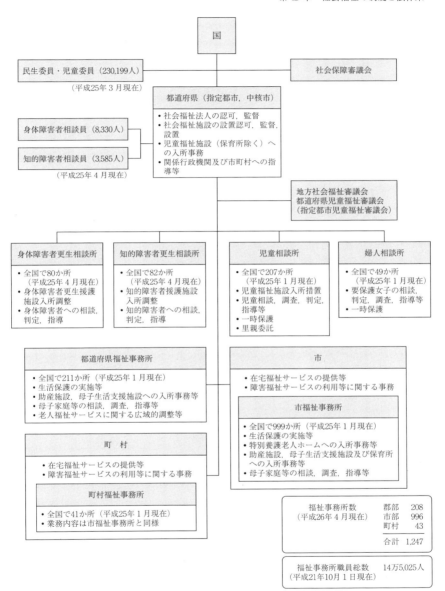

図 5-1 社会福祉の実施体制
出所：厚生労働省『平成26年版厚生労働白書 資料編』190頁。

また,「保育所への入所」には,第24条に「市町村は……保育に欠ける……保育しなければならない」と規定しており,その実施機関は市町村である。
　このように,法律・制度からみられる実施機関とは,法律によって与えられた義務や権限にもとづいて措置を行う責任者であるとともに,福祉の措置を定めた法律の条文のなかで,実施機関（措置権者）として,主たる業務の内容や職員体制,基準等の指定を担う役割が求められている。
　法律のなかで,「しなければならない」：法的に義務づけられている（施設入所については実施義務）,「努めなければならない」：努力義務とされている。「することができる」：義務ではないが任意規定（実施権限が付与されている。在宅福祉では実施権限の付与等）にとどまっている等,その役割（義務から任意規定）と権限がそれぞれの条文で規定されている。
　社会福祉に関する措置・福祉サービスの特徴の一つとして,「実施権限を有する行政機関が措置を決定」して初めて「福祉サービス」が利用できることといえる。
　「措置から契約制度」に代わり,利用者にはサービスの利用を「選択」することが認められながらもサービスの享受については「実施機関の決定」にしたがってサービスの提供を受けることが求められている。
　これらの実施権限については,国の指揮監督の下に地方自治体が事務を実施する上下関係の色濃い諸制度であった「機関委任事務」と「団体委任事務」があり,多くの福祉サービスはこの**委任事務制度**にもとづき運用されてきた。地方自治法の改正にともない国と地方自治体の役割分担を,これまでの機関委任事務を廃止し地方自治体が処理する事務をすべて団体委任事務化したうえで,新たに,「法定受託事務」と地方自治体が主体的に実施する「自治事務」となり,行政サービスは,基本的に「住民に身近な地方」に委ねることとなった。

（3）関係する機関
　福祉の行政機関において求められる重要な役割の一つとして「福祉サービス」を必要とする人が必要なサービスを「享受」できるように行政活動の根拠

として，そのための法律にもとづき実施していくために「条件・環境」を整備していくことでもある。地方における行政の専門機関として，都道府県は管理運営部門（施策や制度の運営の企画・運営や財務等関係部局が主務業務）と，現業部門（審査，相談・援助などの福祉サービスを提供）に分けられる。近年は，保健・医療・福祉サービスの総合的な提供という観点から，多くの都道府県において，保健と福祉のそれぞれの部局が統合された「保健福祉部」等として設置されている。現業部門としては，福祉事務所・児童相談所が設置され各福祉サービスを提供し，利用する希望者からの申請の受理，調査，判定・審査のうえ，利用の可否を判断し措置等の行政処分を行う実施機関としての権限をもっている（「基本計画」「高齢者保健福祉計画」「介護保険計画」等）。

住民にもっとも身近な自治体として位置づけられている市町村は，「社会福祉の実施主体」として，「地域福祉」をはじめとする各種の基本計画の策定と実施の主体としての役割を担うことが求められている（「次世代育成支援行動計画」「障害者基本計画」「高齢者保健福祉計画」「介護保険計画」等）。

1）各専門機関の役割

①福祉事務所

都道府県および市（特別区含む）には設置が義務づけられており，町村においては，必要に応じて（任意）設置できることとなっている。都道府県の福祉事務所は，生活保護，児童福祉，母子及び父子並びに寡婦福祉等三法に関する業務を所管し，市（任意で設置した町村の福祉事務所）は，生活保護，児童福祉，母子及び父子並びに寡婦福祉，身体障害者福祉，知的障害者福祉，老人福祉等福祉六法に関する業務を所管している。

②児童相談所

児童相談所は，児童福祉法第12条で都道府県（政令指定都市を含む）に，設置が義務づけられている法定機関である。

その役割・機能については，子どもの生活全般を支える基本法・権利擁護の砦としての役割・責務を担っており（子どもに関するすべての相談内容を受けつけている），相談の内容に応じて，在宅での指導（助言・継続した指導），施設の利

用（通所・入所）指導等その具体的な支援・対応が求められてもいる。

--- コラム ---

相談，判定の事例

その1

児童相談所への相談には，内容に応じて専門的な対応が求められ必要即応（虐待の場合には24時間以内に安全を目視して確認）の体制で実践されています。専門的な指導・支援が必要なもの（重篤で迅速な対応）も少なくありませんが，電話での助言，「子育て」に関する考え方（躾）からみられる子どもの問題への変移，親からみれば子ども自身の問題，（親は）被害者としての認識等，（子育て）意識の再認識・再確認をすること（ボタンの掛け直し）で親子関係の修復が図られる場合もあり，日常的な子育て支援のあり方に再考の余地が見受けられます。

虐待でいえば，被害者は「子ども」，非行では，逆に「親」が被害者といわれる場合が多いです。実際には，どちらの場合でも被害者は子どもなのでは……。こういった子育てにおける視点を見直すことから，子育てのあり方・方向性がみえてくるのではないでしょうか。

その2：虐待通報

真夜中の2時頃：「…赤ちゃんの泣き声がやまない，…アパート中大騒ぎ…」との虐待通報，緊急招集でもって児相に集まり，現地へ（ときには1時間以上要する場合も）。到着し現場確認，時間が時間だけに周辺は真っ暗で，わずかに零れる明りをたよりに通報者の確認，渋々応対してくれますが「当事者の家を示し……通報者ではあるが，かかわりたくない，逆恨みされないよう……，ここまでが精一杯」（虐待通報の共通する課題）。目的の家（部屋）に着いても今度は玄関からなかへ入るのに一苦労です。なかなか開けてはくれない，何とかドア越しに話ができ，ようやく室内に入れて頂きました。「これまでの経緯を説明」し，児相というあまり知られていない機関の職員が夜間，突然の訪問（このことをして母親を不安にさせてしまう主要因），母親の落ち着くのを見はからい改めて状況を聴取します。

出産後1か月，初めての出産（夫婦は県外出身，父親の転職で現在地に転居，なれない地方で生活するなかでの出産），父親は交替制勤務，実家の祖母がしばらく滞在してくれていましたが，2～3日前に帰宅したばかり。初めての育児に四苦八苦しながらも，祖母と電話でのやりとりで必要なアドバイスを得ていました。父親も在宅時には積極的にかかわり，パパとして初めての育児を楽しんでいます（掃除・洗濯・育児等家事にも積極的に応援しています）。

この日（週）は，父親は夜勤，母親が1人在宅。なれない育児・午睡，そして夜間なかなか寝つかない赤ちゃん。今夜もなかなか寝つかず加えて夜泣きが止まない状況

から通報に至ってしまった（通報から24時間以内に子どもの安全の確認を目視）。

　母親の話からしても，虐待へ繋がる要因は見受けられず，というよりも地域での新しい生活に慣れることを前提とした子育て支援の必要性が見受けられ，「子育て支援サークル等」への参加，状況に応じては保健師を中心とした支援等を助言しました（その後，主任児童委員を中心とした関係者による見守り体制を整えてきましたが，母子は各種の健診にも参加，地域での生活，社会参加もごく一般的な状況にあり，保育園への入園を確認して終結としました）。

　(事後経過について：母親の談話)

　育児って：ばたばたしていたけれど，あのいそがしさは「しあわせないそがしさ」でした。子どもが生まれたから親になったのではなく，子どもを育てるなかで親になれました（子どもが先生でした）。

　子育てって：最初（あの頃）は大変だったけれど，（今）振り返るとあの苦労は（今では）笑い話なのですよね……（笑）。

出所：筆者作成。

── エピソード ──

始めに児童福祉司ありき……

　1997（平成9）年に児童福祉法が改正されるまで，「第11条」に，都道府県は，児童相談所に児童福祉司をおかなければならない，と規定されていました。このことは，児童相談所を設置する前に児童福祉司の設置を規定していました（現在は相談所の設置に続き第12条で規定）。組織の前に「始めに児童福祉司ありき」，相談所・所長の設置より先の条文にて規定されている児童福祉司の職務・職責とは，このことの意味すること。歴代の児童福祉司の先輩諸兄から語りつがれてきたその役割，会合等，特に宴席でかならずいわれた言葉，「福祉司とは児相の看板である，仕事（支援）しだいで恥さらし『恥かき顔』となる，福祉司冥利に心がけること……云々」と説教から始まります。当時の福祉司には，福祉司歴30年以上といった「侍：ベテラン」が多く，駆け出しの筆者などは，「福祉司冥利って」まるで夢を追いかける「獏」と重なるような思いも少なくありませんでしたが，現実は，担当する管内には校内暴力の嵐が吹き荒れ，シンナーにおぼれる子どもたち，傷害・自殺や殺人事件等々と子どもの事件・事故の数々，「火中の栗を拾う」がごとく対応に追われ，訪問のたびに子どもの事件・事故の現場に遭遇した毎日で，とんでもない職場にきたものだ，とつくづく思い知らされる日々も少なくなかったのですが，しかしある子どもとの出会いのなかで，「先生に出会えてよかった……ここ（施設）にきてようやく（一人ではないことに気づき）自分が取り戻せた……」といわれたことが，今でも「福祉司をやってよかった

> （これが福祉司冥利かな……）」と心に残っています。
>> 管内のO市は全国で初めてシンナーを吸引して酩酊している中学生が補導された地域であり，筆者が中学生の頃，「夕ベラリって頭が痛い……」，教室（後方）で毎日の話題となっていました。以後急速に全国各地に拡大していきました。
>
> 出所：筆者作成。

③身体障害者更生相談所

身体障害者福祉法に定められた身体障害者に対する福祉行政機関である。都道府県に設置義務があり，政令指定都市については任意で設置することができる。

④知的障害者更生相談所

知的障害者福祉法に定められた知的障害者に対する福祉行政機関である。都道府県に設置義務があり，政令指定都市については任意で設置することができる。

⑤婦人相談所

売春防止法に定められた保護更生に関する行政機関である。都道府県に設置が義務づけられており，要保護女子および家族に対し相談に応じて必要な保護指導を行う。また，DV法での配偶者暴力相談センターとしても機能しており，そのための一時保護施設も設置されている。

⑥発達障害者支援センター

2004（平成16）年に発達障害児（者）に対する支援を総合的に行う拠点として始まり，発達障害者支援法（2005〔平成17〕年）の制定により，同法に位置づけられた専門機関で，都道府県・指定都市自らまたは，都道府県知事が指定した社会福祉法人，特定非営利活動法人等が運営している。発達障害児（者）とその家族が豊かな地域生活を送れるように，保健，医療，福祉，教育，労働などの関係機関と連携し，地域における総合的な支援ネットワークを構築しながら，発達障害児（者）とその家族からのさまざまな相談に応じ，指導と助言を行っている。

2）その他の実施機関

社会福祉協議会（社協）：社会福祉法にもとづいて設置された営利を目的としない民間組織であり，法律で規定されている福祉サービスの基本理念である「自立支援」に向けてのサービス内容の質の向上と地域ぐるみで取り組む地域福祉の推進を中心的業務として活動している。市区町村・都道府県・国において，それぞれに組織されており在宅福祉サービスを中心として地域のニーズにあわせた活動をしている。民間の組織とはいえ「地域福祉活動計画」を策定して自治体と連携するなど公共性をもっている。

第2節　社会福祉法と児童福祉法

（1）社会福祉法

社会福祉法は1951（昭和26）年社会福祉事業法として制定，2000（平成12）年現行法に改正（名称変更）。日本における社会福祉サービスの基礎をなす法律である。社会福祉の目的や理念，原則など福祉サービス利用者の利益の保護，地域福祉の推進を盛り込み，社会福祉事業の範囲（公明・適性の確保・健全な発達）や社会福祉協議会，福祉事務所，社会福祉主事，社会福祉法人など社会福祉の基礎構造に関する規定が定められている。法律の改正にともない，「措置制度から（選択）利用（契約）制度」に移行，障害者福祉サービスにおける「支援費制度（財政面から3年で破綻）」から「障害者自立支援法」等多くの福祉制度の見直しがされてきたが，「少子化」傾向には歯止めをかけることができず，少子高齢社会はさらに進んでいる。老齢人口の急速な増加による社会保障費の増大や家族機能の低下による育児や介護の問題も深刻化，新たな財源の確保等課題も累積し，改正を重ねるなかで障害者福祉サービス制度の見直しや「地域福祉」という言葉が初めて規定される等，わが国の福祉制度における「地域の役割と住民の責務」が改めて提示されている。

社会福祉制度の仕組みやサービスの内容等の改正と新しい制度の「ねらい」には今日の多くの「社会福祉関連法」や「障害者総合支援法」に反映されてい

るように,「住民にもっとも身近な自治体である市町村」が福祉サービスを提供する主体として「施設と在宅」の両方のサービスを「総合的・計画的に実施」できるようにしてきた。そして，その財源について他の社会保障制度と同じように財政の格差も顕著な市町村間の負担能力を是正すべく，基本的には公費（措置費・運営費の負担割合等）で負担されるべく，国としての体制が整備されてきたといえるが，一方では，地域福祉の基本としての「公助」と地域の努力義務としての「自助」「共（協）助」が求められるゆえんともなった要因のひとつといえる（筆者は＋aに「商助」を加えている）。

社会福祉法における各種事業の分類では，個々の社会福祉事業を第一種と第二種に分類している。

第一種社会福祉事業は，利用者への影響が大きいため，経営安定を通じた利用者保護の必要性が高い事業（主として入所型の社会福祉施設を経営する事業）とされ，経営主体は，原則として国，地方公共団体または社会福祉法人とされている。

第二種社会福祉事業は，比較的利用者への影響が小さいため，公的規制の必要性が低い事業（主として保育所など通所型の施設や在宅福祉サービスを経営する事業等）が中心を占めている。

（2） 児童福祉法

1947（昭和22）年制定，1997（平成9）年に大幅な改正が行われた。次世代の担い手である児童一般の，健全な育成および福祉の増進を基本精神とする，児童についての根本的総合的な法律である。18歳未満の障害児をふくむすべての児童の福祉を担っている。1948（昭和23）年の施行以来，50回以上の改正が行われており，児童等の定義のほか，各児童福祉機関の役割・業務内容・機能，児童福祉施設の名称およびそれらに関する費用などが規定されている。

児童福祉行政の実施者は基本的に市町村とし（都道府県は市町村間の連絡調整を行う），実務的機関として児童相談所・児童福祉司・福祉事務所・児童委員・保健所等について規定している。

第3節　その他の法制度

（1）高齢者福祉の法制度
1）介護保険
①介護保険とは

　介護保険とは，老化・疾病等により要支援・要介護状態となった人に対して，介護サービス（現物給付）を提供する保険制度であり，介護が必要な状態になっても，介護サービス等を利用して自立した生活ができるようにする仕組みである。他の保険サービスと異なるのは，「老化」などによる要介護状態に対しての保険給付を行うため，被保険者が40歳以上という年齢制限が課されていることである。

　しかしながら，介護保険法が施行後，超高齢化による社会保障関係給付の増加，少子化にともない社会保障制度のみならず社会経済を支える労働人口減少の見込みなどの変動は，国の財政基盤を圧迫し社会保障に求められる役割・機能の強化等直面する課題等から自己負担率の引き上げ，サービスの範囲の縮小といった改正による国民への負担増が課題のひとつとして提示されている。

②介護保険制度の仕組み

　介護保険サービスは，介護を必要とする状態（65歳以上の者は原因を問わず，40～65歳未満や末期がん・関節リュウマチ等の加齢によるものと判断された場合等）になり，介護保険を利用しようとする際に，本人や家族などが市町村に対して要介護認定の申請をし，それにもとづき調査・判定・審査の結果，要介護状態（要支援1，要支援2〔要介護状態となるおそれがあり日常生活に支援が必要な場合〕，部分的な介護を要する要介護1から最重度の要介護5までの7つのレベルに区分されている）と認定された場合に受けることができる。

　「要介護」と判定された場合は「介護給付」が，「要支援」と判定された場合は「予防給付」が提供される。非該当でも，要介護・要支援になる可能性があれば，地域支援事業の介護予防のプログラムが提供される。

2）高齢者・障害者の虐待防止

昨今の家族の状況をみる限り，日常的に児童虐待がマスコミを賑やかすなかで，高齢者・障害者への虐待も少なからず聞かれている。

高齢者虐待防止法（2005〔平成17〕年制定）

介護の必要の有無にかかわらず，しあわせな人生を過ごすことはだれしもが望むことであるが，現実には，家族や親族などが高齢者の人権を侵害する「高齢者虐待」が問題となっており，2005（平成17）年，高齢者虐待の防止，高齢者の養護者に対する支援等に関する法律（高齢者虐待防止法）が制定された。

コラム

高齢者虐待とは

○身体的虐待：暴力的行為によって身体に傷やアザ，痛みを与える行為や外部との接触を意図的，継続的に遮断する行為。
○心理的虐待：脅しや侮辱などの言葉や態度，無視，嫌がらせ等によって精神的に苦痛を与えること。
○性 的 虐 待：本人が同意していない，性的な行為やその強要。
○経済的虐待：本人の合意なしに財産や金銭を使用し，本人が希望する金銭の使用を理由なく制限すること。
○介護・世話の放棄・放任：必要な介護サービスの利用を妨げる，世話をしない等により，高齢者の生活環境や身体・精神的状態を悪化させること。

出所：東京都保健福祉局。

上記が高齢者虐待の行為類型として説明されており，「児童虐待」と同じ視点で説明することができる場合も多い一方で，少なからず「高齢者による（子どもへの）虐待」の事例もあり，その多くが加害者と被害者の立場が逆転されて理解されている。

「児童虐待」と「高齢者による（子どもへの）虐待」の共通の行為類型として，
・「血のつながった親子・親族」，「家庭（身内）内」という密室での出来事である。
・被害者は，特定な子どもに集中している。

第 5 章　社会福祉の制度と法体系

・「児童虐待」は，「要保護児童」と「親権者・養育者」，「子ども・大人」といったように，力関係の格差が明確で，被害者と加害者の関係が明らかにされやすい。

「高齢者による虐待」の場合，「被害者も加害者」もともに成人であり，力も発言力もそれぞれにあり，特に被害者も成人であること（体力の格差は影響しない）等から加害者と被害者の関係は外部からみえにくい（うかがえない）実態がある。

--- エピソード ---

これって虐待……？

・同じ屋根の下で生活しながら，顔をあわせても年寄りから毎日「うんもすん」も一言もない。
・家庭内で会話のみならず食事（準備からすべてが別々）をともにすることがない。
・「……裸で出て行け」という言葉が年寄りの口からよく出てくる。ケースは自身で建てた家（2階建の一軒家・ローン支払中）だからそういうわけにはいかない。
・ゴミを片づけると，「片づけられてしまった……（年寄りの物を粗末にするという意味）」と訪れる人にふれまわる。そのうえ，片づけたゴミ以上に同じゴミが増えている（この繰り返し）。
・1階部分だけ燻煙剤を散布する（どのようになるか想像してみてください）。
・こういった一方で，日常生活諸費（電気・ガス代等）は子どもの口座からの引落とし（年寄りの財布には影響しない）のため，節約はおろか（財布は別々），要するに使い放題の毎日（対前月比200％の月もしばしば）。

　これらは，日常的な出来事で，家族（兄弟を含む）のなかで「村八分」状態といえば理解されやすいのですが，こうした一方で，訪れる人に子どもの生活（昇進等や業務の内容）を誇らしげに語る「親ばか」ぶり，子を思う「親心」を示されます（代理ミュンヘンハウゼン症候群）。年寄りの愚痴とはいえ，家のなかという密室での出来事ゆえに内情を知らない第三者にはそのまま鵜呑みにして信じてしまうこともやむを得ないことです（結果として，子どもは地域からの信頼がなくなり疎遠となります）。なお，換言するならば，高齢者による（子どもへの）虐待の場合，多くの事例からも「相続」にかかわる問題をその背景としてうかがうことができます（一筆書いておけば……という殺し文句が示しています）。

　この言葉のいい回し（世間話のなかでの泣き言等）や行為（体力の差は影響しない）の意味すること（力で押さえればマスコミの標的となるが高齢者の口を押さえる

ことはむずかしい），泣き言はその多くに，いうなれば「尾ひれがついて広まり」，「被害者と加害者の立場」が逆転し，そのことが高齢者虐待の「高齢者による（子どもへの）虐待」として説明せざるを得ない事実であります。地方では日常的な出来事として存在しており，この事例から，これが「虐待」ということを理解したいと思います。

出所：筆者作成。

 わが国の場合，実例・実態を歴史的にみても，「女大学（江戸時代中期から，儒教にもとづく女性の教育に用いられてきた教訓書）」においても教示されているように，一般的には「嫁しては夫，老いては子にしたがい」といわれ続けてきたことは明らかであろう。また，「子ども」については，「自分の歩いてきた道」，年寄りについては「これから歩む道」といわれているが，昨今では，その力関係も逆転してきたのか，「嫁・姑（小姑の参戦）戦争」がいわれて久しいが，いうなれば「嫁いびり」のみならず，新しい「家族病理」の問題として討議されており，この「嫁いびり」こそ，「高齢者による（子どもへの）虐待」の始まりの一つでもある，といえる。

―― コラム ――

障害者虐待防止法

 2011（平成23）年，障害者虐待の防止，障害者の養護者に対する支援等に関する法律（障害者虐待防止法）が成立。

 虐待の種類・行為類型等については，高齢者虐待（ふくむ児童虐待）と同様に，身体的虐待，心理的虐待，性的虐待，経済的虐待，介護・世話の放任・放棄等が規定されています。

 高齢者・障害者虐待における在宅介護の場合（多くが老老介護），介護のために就労できない等，それぞれの年金にたよらなければ生活が成り立たず，そのため，経済的虐待と規定されている行為に陥る事例が多く見受けられており，高齢者や障害のある人の日常生活支援への基準・程度等が課題となっています。しかしながら，こういった一方で，（措置は児童相談所：負担金の徴収は福祉事務所）障害者年金を受給しながらも負担金は滞納し続けている例もあり，関係者は苦慮している実態もあります。

出所：筆者作成。

（2）障害者福祉の法制度
1）障害者基本法
　心身障害者対策基本法（1970〔昭和45〕年）の一部改正および名称変更で，障害者基本法（1993〔平成5〕年）が成立した。関連施策を体系化する障害者施策の憲法ともいうべき法律だが，法的強制力（罰則規定）はない。

　障害者施策を総合的，効果的に推進するため，対象を身体障害，知的障害，精神障害（発達障害を含む）の3障害とし，基本理念，目的，国や自治体の責務，施策の総合的体系と基本方針を明記した。2004（平成16）年の改正により将来における差別の禁止法の制定が付帯決議で採択。2011（平成23）年6月には障害者虐待の防止，障害者の養護者に対する支援等に関する法律が制定された。2010（平成22）年の障害者自立支援法改正にともない，他の障害者と比べかなり遅れていた精神障害者も福祉サービスによる支援の対象として位置づけ（発達障害も対象として明確化）られ，3障害が一元化とされた。

2）障害者自立支援法から障害者総合支援法へ
　近年の障害福祉施策については，2000（平成12）年に社会福祉事業法から社会福祉法への改正（身体障害者福祉法・知的障害者福祉法・児童福祉法等の一部改正）にともない，従来の障害者福祉サービスの利用に際して，行政による「措置」から「契約」による「利用制度」へと変更された。また，2003（平成15）年からノーマライゼーションの理念にもとづき「障害者の自己決定を尊重し，利用者本位のサービス提供」を基本として，「障害者自らがサービスを選択して事業者と対等な関係にもとづく契約」によりサービスを利用する「支援費制度」の制定等，大幅な見直しが図られた。特に，措置制度から契約制度への移行（**応益負担**から**応能負担**：介護保険はサービスを受けた金額の1割を負担する応益負担を採用）等，利用者にとってのメリット（サービス事業者・利用時間帯の選択可等）が多く，国の予想以上に制度利用が進み，国の予算を圧迫，結果として初

年度より補正予算を組む異常事態に陥ってしまった。しかも，支援費制度では，①精神障害は対象外，②障害種別ごと（障害の種類ごとにサービスの提供），③施設の細分化・事業体系が不鮮明，④サービスの提供体制が市町村間に格差（利用者の不公平感：市町村合併により新旧地域間の格差等があり）等の課題もあり，結果的に3年あまりで財政的には破綻してしまった一方で，障害者のサービス需要・サービスのあり方等重要な課題を提示し，その制度上の課題を解決するとともに，障害のある人びとが利用できるサービスの充実や推進を図るため「障害者自立支援法」が施行された。

障害者自立支援法では，身体・知的障害者と比べ，かなり遅れていた精神障害者の福祉サービスも支援の対象として位置づけ（発達障害者の規定も含），3障害同一としたことは大きな進歩ではあったが，予算的には微増にとどまり（2者で分けていたものを3者で分けるような結果・微増：分母のみが拡大された），将来的な課題となってもいる。

その後，応益負担を原則とする障害者自立支援法から，制度の谷間のない支援の提供，個々のニーズにもとづいた地域生活支援体系の整備等を目的として，2012（平成24）年4月に「障害者自立支援法の法改正」が施行された。また，地域社会における共生の実現に向けて，障害福祉サービスによる支援に加えて，地域生活支援事業その他の必要な支援を総合的に行うことを目的とした，「障害者の日常生活及び社会生活を総合的に支援するための法律（障害者総合支援法）」が2013（平成25）年4月に施行された。

3）障害者総合支援法のポイント

①目的・基本理念

障害者総合支援法の目的の実現のため，従来の「自立」という表現に代わり，「基本的人権を享有する個人としての尊厳にふさわしい」と明記された。さらに，障害福祉サービスによる支援に加えて，地域生活支援事業によるそれらの支援を総合的に行うこと。また，2011（平成23）年に成立した障害者基本法の改正をふまえ，新たな基本理念が法律に規定された（障害者総合支援法によるサービス体系については，図5-2参照）。

第5章 社会福祉の制度と法体系

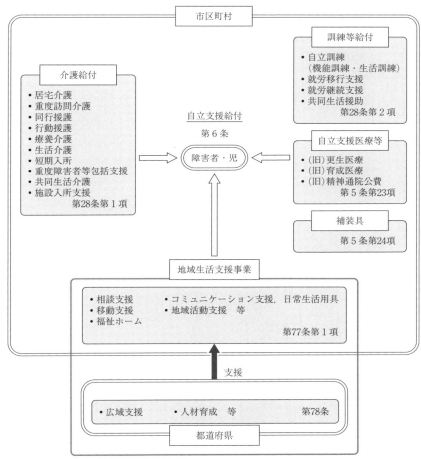

※自立支援医療のうち旧育成医療と，旧精神通院公費の実施主体は都道府県等

図5-2　障害者総合支援法によるサービス体系

出所：墨田区公式ウェブサイト「障害者総合支援法のポイント」，2014（平成26）年8月9日．

②障害者の範囲の見直し

「障害者自立支援法」では，3障害に限定されていたが，一定の難病の患者が対象として加えられ，一部の市区町村に限定されていた難病患者への福祉サービス（補助金事業）が，すべての市区町村で実施可能となった。

③障害支援区分への名称・定義の改正

「障害程度区分」が3障害の状態を，多様な特性とその心身の状態に応じて必要とされる標準的な支援の度あいを総合的に示すものとして「障害支援区分」へと改正された。

④障害者に対する支援の見直し

ア．重度訪問介護の対象拡大，イ．「グループホーム」の範囲の拡大，共同生活介護（ケアホーム）の共同生活援助（グループホーム）への一元化，ウ．地域移行支援サービスの対象の拡大，エ．地域生活支援事業の追加。

⑤サービス基盤の計画的整備

ア．障害福祉計画の策定（障害福祉サービス等の提供体制の確保・地域生活支援事業の実施に関する計画の整備），イ．基本指針・障害福祉計画に関する定期的な検証と見直しを法定化，ウ．市町村は障害福祉計画を作成するにあたって，障害者等のニーズ等の把握を行うことを努力義務化，エ．自立支援協議会の名称について，地域の実情に応じて定められるよう弾力化するとともに，当事者や家族の参画を明確化されている。

【用語解説】

社会保障・「ナショナルミニマム」……先進諸国の社会保障政策の基本理念：社会的に容認された国民の最低限度の生活水準を，国家の責任において保障すること。わが国では憲法第25条に生存権保障として規定されており，生活保護法をはじめとする各公共政策で具体的に実施されている（出所：中央法規出版編集部編『社会福祉用語辞典』より）。

現金給付を中心とする法律……生活保護法，児童扶養手当法，特別児童扶養手当等の支給に関する法律，母子及び寡婦福祉（資金貸付）法。

現物給付を中心とする法律……施設や在宅での福祉サービスなど，児童福祉法，身体障害者福祉法，知的障害者福祉法，老人福祉法など。

福祉3法：生活保護法，児童福祉法，身体障害者福祉法。

福祉6法：福祉3法＋知的障害者福祉法，老人福祉法，母子及び父子並びに寡

婦福祉法。

福祉8法：児童福祉法，身体障害者福祉法，老人福祉法，知的障害者福祉法，母子及び父子並びに寡婦福祉法，社会福祉法，高齢者の医療の確保に関する法律（老人保健法），独立行政法人福祉医療機構法（生活保護法は福祉6法にあるが福祉8法には含まれていない）。

※社会福祉関連法は福祉8法のことで，社会福祉法は福祉8法のなかの一つである。

委任事務……機関委任事務：法令により国から地方公共団体の執行機関である都道府県知事，市町村長に委任された事務。

団体委任事務：法令により国・都道府県の事務が地方公共団体に委任された事務。

法定受託事務：本来国が果たすべき役割にかかわる事務であって，国においてその適正な処理を特に確保する必要のある事務。

自治事務：地方公共団体が処理する事務のうち，法定受託事務以外の事務。国の関与は，助言または勧告，資料の提出要求，是正の要求，協議の4類型，となる（出所：中央法規出版編集部編『社会福祉用語辞典』より）。

応能負担……福祉サービスの内容にかかわらず，所得に応じた費用を負担する。

応益負担……サービスを受ける内容に応じて負担をする。障害が重く支援度の高い人ほど希望するサービスが多くなり，結果として受けたサービス分（負担金）を支払わなければならない。障害のある人の多くには，「排泄，食事，入浴」など日常のことをするにも支援が必要な人も多く，応益負担の場合，希望するサービスが多くなれば，経済的な負担は「増す」こととなってしまう。

【振り返り問題】

1　住民にもっとも身近な自治体である市町村（自分が生活している）としての課題について，考えてみよう。

2　あなたの周囲では「虐待（疑われる）」として心配な人はいませんか。その

とき，その人に，あなたはどのような支援を考えますか。支援プランを考えてみよう。

〈注〉
(1) 平成10年6月17日付，中央社会福祉審議会社会福祉構造改革分科会より報告された「社会福祉基礎構造改革について（中間まとめ）」より。

〈参考文献〉
小野澤昇・田中利則・大塚良一編著『子どもの生活を支える社会的養護』ミネルヴァ書房，2013年。
厚生統計協会編『国民福祉の動向』（各年度版）。
厚生労働省編『平成26年度版厚生労働白書』2014年。
地方自治体（東京都保健福祉局・墨田区等）公式HP2014（平成26）年8月9日。
中央社会福祉審議会社会福祉構造改革分科会「社会福祉基礎構造改革について（中間まとめ）」。
中央法規出版編集部編『社会福祉用語辞典』中央法規出版，2012年。
山縣文治・岡田忠克編『よくわかる社会福祉（第9版）』ミネルヴァ書房，2012年。

(岩崎裕一)

第6章
社会福祉施設の仕組みと行財政

本章のポイント

　社会福祉制度は，社会福祉基礎構造改革以降大きく変化してきました。それはノーマライゼーションや自立生活運動，障害者の権利条約などの影響であることはいうまでもありません。そして措置制度から契約制度という大きなシステム変更が実施され，さらに，第三者評価，地域福祉計画，といった仕組みも位置づけられました。ここではこれらの仕組みとその目的や理念についてみていくこととします。

第1節　措置費と契約制度

　社会福祉基礎構造改革により児童福祉施設の一部をのぞき，社会福祉施設の利用は措置制度から契約制度に移行した。この措置制度は日本の混乱した状況のなか，日本の福祉施設の根幹を担ってきた制度であるとともに，国民の権利として国の義務を明確にしたものである。この制度改革の意義について歴史的な視点と利用者の立場からその流れをおっていくこととする。

（1）社会福祉事業と措置制度

　第2次世界大戦の敗戦により，社会は混乱し社会福祉が取り組むべき課題は多数存在していた。その一つに社会福祉施設があった。戦前の民間の施設は，不況などにより運営に窮することが多く，政府による助成と監督のための法律である1938（昭和13）年「社会事業法」によって，財政的支援が行われていた。

しかし戦後占領下の日本の指導に当たるGHQ（General Headquarters. 総司令部の略。Supreme Commander for the Allied Powersと続けて，GHQ/SCAP 連合国軍最高司令官総司令部となる）や日本国憲法第89条により，民間への財政的な支援を継続して実施することができなくなった。そこで1951（昭和26）年3月「社会福祉事業法」による措置委託制度が開始された。この制度により公費助成が可能となり，措置委託費による安定した施設運営が行われるようになった。

コラム

社会事業法と憲法第89条

　1929（昭和4）年救護法が制定され，養老院，孤児院，病院の利用者が救護の対象となりました。その他の民間施設は社会事業法（施設への指導監督または助成をする事業）の成立によって，助成が受けられることになりました。対象の施設は，養老院，救護所などの生活扶助の施設。育児院，託児所その他児童保護の施設。施療院，産院の助産保護の施設。その他勅令による施設です。

　憲法第89条は，「公金その他の公の財産は，宗教上の組織若しくは団体の使用，便益若しくは維持のため，又は公の支配に属しない慈善，教育若しくは博愛の事業に対し，これを支出し，又はその利用に供してはならない」とあり，宗教団体などの特定団体への国の関与と国の財政面での公金の浪費を禁止することを目的としたものです。

出所：「社会事業法」，「日本国憲法」をもとに筆者作成。

　この社会福祉事業法によって，第2次世界大戦による戦災孤児や障害者などへの施設利用に際して公的な支援を国の責任によって実施することが明確になった。つまり慈悲や慈善，善意や犠牲で運営されていた福祉施設への助成という方法から，国民の権利の一つとして国が問題について対応し，その対応を措置として社会事業者に委託し保障するということになったのである。国が支出を許された団体は，社会福祉法人と日本赤十字，都道府県，市町村である。

　この制度は，①高齢者・障害者・児童等の各分野の状況に応じた施設数の改善を国が責任を負う。②日本のどこでも同じ施設サービスが受けられる。③公立・私立を問わず一定水準以上のサービスを受けられる。④民間をふくめて施設サービスが公的資金によって支えられ，利用者の安心とともに福祉の水準を

維持してきたこと等が挙げられる。反面，①入所利用にかかわる基準が，利用したい人の利用をはばむことがある。②施設サービスが多様なニーズに応えることが困難な状況がある。③民間としての独自性や自主性が制約されてきた。④児童など保護収容する施設としてのスティグマ（烙印）等の問題と，**ノーマライゼーション**，自立生活運動などの広がり，経済状況への対応の必要がある，等の問題が提起されていた。そして措置制度から契約利用制度への移行が1997（平成9）年11月「社会福祉事業の在り方に関する検討会」において報告された。

（2）契約制度への移行

　措置制度（図6-1参照）から契約制度への移行は，各種法律の改正により順次実施された。1997（平成9）年「児童福祉法」の改正により保育所入所が市町村と保護者との契約による利用へと変更された。保育所方式（図6-2参照）と呼ばれている。

　利用を希望する施設を選択し，市町村に対して利用の申請を行う。市町村は利用の委託を受託事業者に行い，受託を受けて利用者に応諾の通知をする。市町村は事業者に実施委託費を支払い，利用者はサービスの提供を受け，費用を市町村に支払うこととなる。助産施設，母子生活支援施設もこの方式による。

　同年1997（平成9）年12月「介護保険法」が成立し，社会保険制度による利用から介護保険による契約による利用へと変更された。この利用方法は，介護保険方式と呼ばれている。その後1998（平成10）年中央社会福祉審議会社会福祉基礎構造改革分科会から「社会福祉基礎構造について（中間のまとめ）」が公表された。

　障害者分野においては，2000（平成12）年「社会福祉の増進のための社会福祉事業法等の一部を改正する等の法律」により，2003（平成15）年に支援費制度へと移行した。障害（児）者が利用するサービス受給制度を自立支援給付方式（図6-3参照）という。2005（平成17）年「障害者自立支援法」が施行され，また児童福祉法の改正により2006（平成18）年から障害児施設が契約制度へと

図6-1　措置制度におけるサービス利用手続きの流れ

出所：中村優一他監修『エンサイクロペディア社会福祉学』中央法規出版，2008年を筆者一部改変。

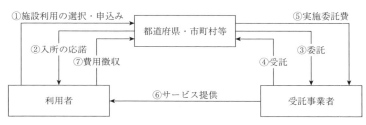

図6-2　選択利用方式（保育所方式）の流れ

出所：図6-1と同じ。

移行した。

　こうした契約制度への移行がなじまない，児童養護施設，児童自立支援施設，乳児院等および緊急を要する場合，措置が適当と判断される場合は，措置による利用となっている。

　障害者支援施設の場合，市町村への利用申請のさい障害支援区分認定を審査会において受け，支給の決定が通知される。区分認定をもとにサービス等利用計画（障害児の場合は障害児支援利用計画）を作成し，計画に沿って事業者に利用申し込みを行い，事業者はサービス等利用計画に沿って個別支援計画を作成し契約利用となる。個別支援計画に沿ったサービスの提供を受け，自己負担分（応能負担）の支払をする。事業者は市町村に対して，請求を行い代理受領となる。

　介護保険の場合は，40歳以上の被保険者は市町村に保険料を納入し，保険料と税金によって介護保険費が支払われる。介護保険を利用する場合市町村にお

第 **6** 章　社会福祉施設の仕組みと行財政

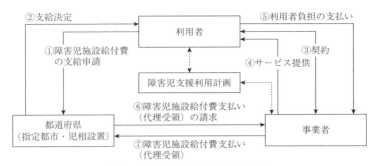

図6-3　障害児施設給付の仕組み

出所：厚生労働省「社会福祉施設の整備及び運営について」2008年，を筆者一部改変。

― エピソード ―

障害児施設への措置入所

　障害児施設の利用は契約と措置とが併用されています。保護者がいないため契約が結べない，親が精神疾患などにより判断がむずかしい状態，虐待，DVなど契約締結が難しい状況などの場合は，措置利用となります。

　特別支援学校に通う神田恵美さん（仮名：10歳）は，両親が離婚したため，初めて訪れたA市で母親と2人でアパート暮らしをしていました。そんなある日，母親が交通事故で意識不明の重体となってしまい，福祉事務所の人が親戚や知人を探してくれましたが見つかりませんでした。また，父親も所在不明です。緊急に保護の必要性がありますが，契約時の同意が取れないため，しばらく知的障害児施設を利用することとなり，緊急の措置入所となりました。

出所：筆者作成。

いて，介護認定を受け給付内容が決定する。認定を基にケアプランを作成し，事業所にサービスの利用の申請・サービス計画の作成・契約となる。サービスの提供を受け，自己負担分（応益負担）を支払い，事業者は市町村に対して請求を行い給付の代理受領となる。

（3）契約利用とケアマネジメント

　施設利用時の契約方法は，介護方式，自立支援方式があり利用にあたり利用が妥当かどうかの判断，利用できるサービスの種類，量が決定される。この決定をもとに，サービスの利用計画が立案される。この計画は本人の意向をもとに地域生活上の問題解決と自己実現に向けたサービス利用が検討され，本人または家族への説明と確認が行われる。その後サービス事業者の選定，事業者と本人による事業者ごとの支援計画の立案が行われ，契約実施となる。

　この過程では，利用者が望む生活が描かれ，それに沿ったサービス計画と提供，実施が要求されることになる。提供後は，計画に沿ってサービスが提供されたか，サービスを受けた人の満足はどうであったか，目標とされた事項の達成度について評価される。いわゆるケアマネジメントの手法である。

第2節　社会福祉法人とNPO法人

（1）社会福祉法人とは

　社会福祉法人は，戦後強い公的規制の下，助成を受けられる特別な法人として創設されたもので，先にみてきた民間社会福祉事業者への公金支出禁止を回避するために設立されたものである。「社会福祉法」第60条にあるように，社会福祉事業は，第一種社会福祉事業と第二種社会福祉事業とに分かれており，第一種社会福祉事業を行う場合は，国，地方公共団体，または社会福祉法人が行うことが原則となっている。そして社会福祉法人は，「社会福祉法」に社会福祉事業を行うことを目的として設立された法人（社会福祉法22条）とあり，その要件が同法に記載されている。社会福祉法人は主に各都道府県に申請し認可される。事業が市内に限られる場合，県をまたいで運営される場合は，市または国に対して申請を行うこととされている。社会福祉法人の役員は理事を3人以上，監事を1人以上おくこと，配偶者および三親等以内の親族が役員総数の2分の1を超えてはならないなど，公平性や公共性，透明性を重視する仕組みとなっている。その他事業収入の使途や優遇税制などがある。

社会福祉法人はこのようにさまざまな決まりのもと運営される公的な性格の強い民間の事業所ということになる。その費用の多くは，利用者の利用料と公的資金である。

(2) ボランティア

ボランティアは全国社会福祉協議会や行政，学校等によって進められ，ボランティアの言葉も一般的となり，経験者も増えていった。そして企業ボランティアやボランティア休暇，ボランティア保険などが社会のなかに整備されていった。1995（平成7）年の阪神淡路大震災直後の救援・復興作業に，多くの人がボランティアとして活動に参加し，このときの状況から「ボランティア元年」と称されている。その後ボランティア組織のなかでも地位や専従の人などボランティアグループの多様化した状況があり，非営利ボランティア組織やボランティアグループ，NPOといった形態が認知されていった。

コラム

ボランティア

ボランティア活動というと，個人が進んで行う活動とされ「自発的な」という語源をもつとされています。「ボランティアについて明確な定義を行うことは難しいが，一般的には『自発的な意志に基づき他人や社会に貢献する行為』を指してボランティア活動と言われており，活動の性格として，『自主性（主体性）』，『社会性（連帯性）』，『無償性（無給性）』等があげられる」としています。活動の自主性，自発性及び創造性が最大限に尊重されなければならない，として支援策を提示しています。

出所：厚生労働省社会・援護局地域福祉課[1]。

---

(3) NPO法人の組織と役割

1995（平成7）年を契機として政府はボランティア活動を支援する法律として1998（平成10）年「特定非営利活動促進法」を制定した。NPOは（Non-Profit Organization）といい，直訳すると非営利組織ということになる。わが国ではNPOは特定非営利活動といい，特定非営利活動法人（以下，「NPO法人」と記

表 6-1　定款に記載された特定非営利活動の種類（複数回答）

号　数	活　動　の　種　類	法人数
第 1 号	保健，医療又は福祉の増進を図る活動	28,698
第 2 号	社会教育の推進を図る活動	23,229
第 3 号	まちづくりの推進を図る活動	21,328
第 4 号	観光の振興を図る活動	1,144
第 5 号	農山漁村又は中山間地域の振興を図る活動	1,033
第 6 号	学術，文化，芸術又はスポーツの振興を図る活動	17,143
第 7 号	環境の保全を図る活動	13,895
第 8 号	災害救援活動	3,794
第 9 号	地域安全活動	5,562
第10号	人権の擁護又は平和の活動の推進を図る活動	8,129
第11号	国際協力の活動	9,343
第12号	男女共同参画社会の形成の促進を図る活動	4,346
第13号	子どもの健全育成を図る活動	21,588
第14号	情報化社会の発展を図る活動	5,562
第15号	科学技術の振興を図る活動	2,703
第16号	経済活動の活性化を図る活動	8,501
第17号	職業能力の開発又は雇用機会の拡充を支援する活動	11,655
第18号	消費者の保護を図る活動	3,082
第19号	前各号に掲げる活動を行う団体の運営又は活動に関する連絡，助言又は援助の活動	22,726
第20号	前各号で掲げる活動に準ずる活動として都道府県又は指定都市の条例で定める活動	116

出所：内閣府，NPO（平成26年3月31日までに認証を受けた4万8,985法人の定款から集計）。

す）とは「特定非営利活動促進法」にもとづき法人格を取得した法人である。この一定の基準を満たし所轄庁の認証を受けた法人は定款を出すことによってNPO法人となり，さらに認定を受けることにより認定NPO法人となり，税制上の優遇措置を受けることが可能となっている。

現在NPO法人は，4万8,985法人となっていて，表6-1のように目的別に分類されており，保険，医療，福祉の分野がもっとも多く，57.8％。次いで社会教育を図る活動が46.6％，となっている。設立当初の1999（平成11）年は23

法人が法人格を取得している。

　NPO法人となるための基準は、特定非営利活動を行うことを主たる目的とすること。営利を目的としないもの。社員の資格の得喪(とくそう)に関して、不当な条件を付さないこと。役員のうち報酬を受ける者の数が、役員総数の3分の1以下であること。宗教活動や政治活動を主たる目的とするものでないこと。10人以上の社員を有するものであること等が要件となっている。

　このNPO法人は、社会福祉法人と自治体による地域のサービス提供システムに、新たなサービス提供主体として加わることとなった。そしてこの組織は、地域のニーズをとらえ組織されていくことから、特定の目標と自発性によってつくられるアソシエーション型組織として、地域のニーズを効率的・効果的に達成していくことが考えられる。またサービス供給者としてだけでなく地域のケアシステムの一員として、システムの構築に果たす役割は大きなものがあると期待される。

第3節　苦情解決制度

　これまでみてきたように、わが国の社会福祉は措置制度から契約制度へ、つまり「行政が法にもとづいて提供する」仕組みから、「利用者が必要なサービスを自ら選び、事業者と対等な立場で契約を結んで利用する」仕組みへと変わりつつある。しかし、自らが選び利用しているサービスであっても、利用者がその内容に不満を感じたり、あるいはサービスを受けるつもりが逆に不利益を被(こうむ)ることもある。そうした場合、利用者がより快適に福祉サービスを受けられるよう、その苦情を適切に解決するための「苦情解決制度」が設けられている。

（1）苦情解決制度とその意義

　2000（平成12）年4月の介護保険の導入にともない、介護保険に対応した新たな福祉制度の構築が求められるようになった。こうしたなか、同年6月に

「社会福祉事業法」が「社会福祉法」に改正され，社会福祉法第82条では，すべての社会福祉事業者に対して，福祉サービスに関する利用者からの苦情の適切な解決に努めるよう求めている。

― コラム ―
社会福祉法における苦情解決の規定
第82条（社会福祉事業の経営者による苦情の解決）
　社会福祉事業の経営者は，常に，その提供する福祉サービスについて，利用者等からの苦情の適切な解決に努めなければならない。
出所：「社会福祉法」。

　苦情の適切な解決は，利用者に向けては，福祉サービスへの満足感の向上や，虐待などの不利益に対する早急な防止策が講ぜられる等の効果が期待できる。事業者にとっては，利用者のニーズの把握や提供サービスの妥当性の検証が可能となる。

　保育や介護等，生活に欠かせないサービスを提供する福祉施設の場合，利用者は，「苦情をいうと事業者（援助者）の心証を悪くするのではないか」「報復などの不利益を被るのではないか」などと考えて苦情をいい出しにくい傾向にある。また，社会福祉施設の利用者は社会的弱者と呼ばれる人びとであることが多く，負け組，落伍者などの烙印（スティグマ）を押されることで自らの発言力が弱くなり（パワーレスネス），助けを求めることがむずかしい状況にあることが少なくない（第1章第4節参照）。また，福祉サービスの一部には措置制度の時代の風潮が残っており，利用者が事実上はサービスを選択する余地がない状態におかれている場合もある。事業者（援助者）はこれらの事情をよく理解し，苦情を単なる不平・不満としてではなく「利用者のニーズの顕れ」として前向きにとらえ，その背後にある利用者のニーズを積極的に解決しようとする姿勢をもつことが大切である。

　福祉とは，利用者のニーズを探り，その背後にある問題を解決することを通じて利用者や社会のニーズを満たそうとする営みであり，その主な対象者は社

会的弱者と呼ばれる人びとである。この点において苦情解決は，まさに福祉のプロセスそのものといえるだろう。

（2）苦情解決制度の仕組み

苦情は本来，当事者である利用者と事業者との間で自主的に解決されるべきものである。しかし，福祉サービスにおいては，先に述べたような事情から，利用者と事業者とがかならずしも対等な立場になく，利用者が弱者としての立場に甘んじているケースがあることも否定できない。こうした場合，利用者の苦情が密室化して適切に解決されないことも想定される。

そのため，福祉サービスにおける苦情解決の仕組みは，社会性や客観性を確保し，利用者の立場や特性に配慮した適切な対応が推進されるよう，事業者側と行政（都道府県）側とのそれぞれに整備されている。[2]

1）事業者における仕組み

事業者は，苦情解決が円滑に行われるよう，現場の「苦情受付担当者」，解決に責任をもつべき「苦情解決責任者」，さらに，苦情解決に社会性や客観性を確保し，利用者の立場や状況に配慮した適切な対応を図るための「第三者委員」をおくこととなっている。それぞれの役割や要件は以下のとおりである。

①苦情受付担当者

事業所内で，利用者が苦情を申し出やすいような環境をつくる役割を担う。具体的には，ア．利用者からの苦情の受付，イ．苦情内容，利用者の意向等の確認と記録，ウ．利用者に直接かかわっている職員その他へのヒアリング等を通じた状況把握，エ．受け付けた苦情およびその改善状況等の「苦情解決責任者」「第三者委員」に対する報告などを行う。事業所内の職員が担当する。

②苦情解決責任者

苦情解決の総括責任者である。責任主体を明確にするため，事業所の施設長，理事が担当する。

③第三者委員

事業所に設置された第三者的な立場の委員である。名称のとおり，第三者と

しての公平で中立的な立場から，事業所段階での苦情解決に社会性や客観性を確保し，利用者の立場や状況に配慮した適切な対応を促進する役割を担う。経営者の責任において3～5名の複数名が選任され，「苦情解決を円滑・円満に図ることができる者であること」「世間からの信頼性を有する者であること」が要件である。

　第三者委員の具体的な職務は，ア．苦情受付担当者から受けつけた苦情内容の報告聴取，イ．苦情内容の報告を受けた旨の苦情申出人への通知，ウ．利用者からの苦情の直接受付，エ．苦情申出人への助言，オ．事業者への助言，カ．苦情申出人と苦情解決責任者の話しあいへの立会いと助言，キ．苦情解決責任者からの苦情にかかる事案の改善状況等の報告聴取，ク．日常的な状況把握と意見傾聴とされている。利用者と当事者の間に入り，苦情に対する聞き取りや助言，仲介等を行うとともに，苦情が生じたときだけでなく，日常的に利用者の声を聞く機会をもったり家族と懇談・交流するなど，利用者のニーズ把握に積極的な対応が望まれている。

エピソード

社会福祉施設における苦情

　社会福祉施設では，利用者やその保護者との信頼関係が良好な場合は，苦情等が寄せられることはそれほど多くありません。しかし苦情が寄せられた場合は，大きな問題が多いようです。苦情が寄せられないことに，いつしか職員は安心してしまうのでしょうか。

　たとえば，ある福祉施設で「職員が，入浴をいやがる利用者に対して，暴力はふるっていないけれど，横暴な言動とともに無理やり引きずるように連れていく姿がみられました。いろいろな場面でみかけています」という意見が寄せられました。その職員や具体的な場面も特定されていましたが，このケースをきっかけに施設側では各職員に聞き取り調査を実施し，当事者職員だけでなく施設全体で同様の状況が他にないか，調査結果について各職員，組織としてどうとらえるか，今後施設としてどのように対応していくのか，などの点を詳細に検討しました。これらの結果は第三者委員に報告され，第三者委員により再検討されました。その後，この施設では，各グループでの利用者対応の見直しとあわせて，全職員を対象に，人権やサービスについての

研修が実施されました。
　出所：筆者作成。

　この事例のように，福祉施設で苦情があった場合には，施設のサービスの見直しと向上のチャンスとしてとらえ，苦情解決制度を活用して，職員のモラルやスキルの向上をはかるための具体的な動きに結びつけることが重要である。

2）行政（都道府県）における仕組み

　福祉サービスに関する利用者からの苦情を適切に解決するため，都道府県社会福祉協議会には，公正・中立な第三者機関としての「運営適正化委員会」が設置されている（社会福祉法第83条）。運営適正化委員は，福祉サービス利用者等からの苦情解決の相談に応じ，必要な助言や事情調査を行い，解決の斡旋を行う役割を担っている（同法第85条）。

（3）苦情解決の流れ

　これまでみてきた事業者側，行政側それぞれの仕組みにおいて，苦情解決がどのように行われていくかをみていこう（図6-4）。

1）利用者への周知

　施設内への掲示，パンフレットの配布等により，苦情解決責任者は，利用者に対して，苦情解決責任者，苦情受付担当者および第三者委員の氏名・連絡先や，苦情解決の仕組みについて周知する。

2）苦情の受付

　苦情受付担当者は，利用者等からの苦情を随時受けつける。なお，第三者委員も直接苦情を受けつけることができる。

　苦情受付担当者は，利用者からの苦情受付に際し，次の事項を書面に記録し，その内容について苦情申出人に確認する。

　①苦情の内容，②苦情申出人の希望等，③第三者委員への報告の要否，④苦情申出人と苦情解決責任者の話しあいへの第三者委員の助言，立ち会いの要否（③および④が不要な場合は，苦情申出人と苦情解決責任者の話しあいによる解決を図

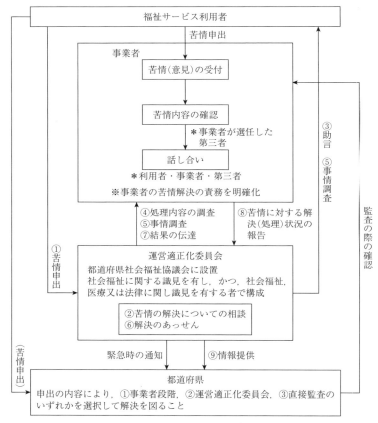

図6-4 苦情解決の流れ

出所:引用文献(3)。厚生労働省,社会保障審議会・福祉部会第9回資料。

る)。

3) 苦情受付の報告・確認

　苦情受付担当者は,受けつけた苦情はすべて苦情解決責任者および第三者委員に報告する。ただし,苦情申出人が第三者委員への報告を明確に拒否する意思表示をした場合はのぞく。

　投書など匿名の苦情については,第三者委員に報告し,必要な対応を行う。

第三者委員は，苦情受付担当者から苦情内容の報告を受けた場合は，内容を確認するとともに，苦情申出人に対して報告を受けた旨を通知する。

4）苦情解決に向けての話しあい

苦情解決責任者は苦情申出人との話しあいによる解決に努める。その際，苦情申出人または苦情解決責任者は，必要に応じて第三者委員の助言を求めることができる。第三者委員の立ち会いによる苦情申出人と苦情解決責任者の話しあいは，次により行う。①第三者委員による苦情内容の確認，②第三者委員による解決案の調整，助言，③話しあいの結果や改善事項等の書面での記録と確認，なお，苦情解決責任者も第三者委員の立ち会いを要請することができる。

5）苦情解決の記録，報告

苦情解決や改善を重ねることにより，サービスの質が高まり，施設運営の適正化が確保される。これらを実効性のあるものとするため，記録と報告を積み重ねるようにする。

①苦情受付担当者は，苦情受付から解決・改善までの経過と結果について書面に記録する。②苦情解決責任者は，一定期間ごとに苦情解決結果について第三者委員に報告し，必要な助言を受ける。③苦情解決責任者は，苦情申出人に改善を約束した事項について，苦情申出人および第三者委員に対して，一定期間経過後報告する。

6）解決結果の公表

利用者によるサービスの選択を可能にしたり，事業者によるサービスの質や信頼性の向上を図るため，個人情報に関するものを除き「事業報告書」や「広報誌」等に実績を掲載し，公表する。

第4節　福祉計画と財政

社会福祉計画の策定は，その時々の社会的・福祉的ニーズを背景に，先行する法制度や実施体制，社会福祉の理念などを変化させつつ現在に至っている。また，策定した福祉計画を実現するためには，必要となる財源の経済的裏づけ

や，社会福祉行財政との関係も視野にいれる必要がある。

本節では，わが国における福祉計画と福祉行財政の大きな流れについて学ぶ。

(1) 福祉計画と行財政の歴史的変遷

わが国の近代的な社会福祉は，第2次世界大戦により大量に生じた生活困窮者や戦災孤児・浮浪児，戦傷病者などを対象とした施策に始まり，行政主導のもと，法の定める保護や救済を行うかたちで展開してきた。福祉行政の財源は予算制度にもとづいており，単年度の予算配分にしたがって，措置制度のもと決められたサービスを提供する方式であった。

しかしその後，社会的・経済的な構造変化にともない，また社会福祉に対する人びとの考え方の変化もあいまって，1970年代以降には，新たな社会福祉ニーズに対応するための福祉計画が求められることとなった。

人びとの生活を支える社会構造の変化としては，近代化と個人主義の進行にともなうライフスタイルの多様化，核家族化，少子高齢化などの急速な進行によって，家庭や地域における人と人とのつながりが希薄になり，家庭の扶養機能，地域における相互扶助機能が大きく低下したことが挙げられる。このことにより社会福祉ニーズが質・量の両面で大きく増大し，従来のように，特定の福祉課題を抱える限られた人びとを行政が支援するという枠組みで問題を解決することが困難になった。

経済面では，高度経済成長期に整備・拡充されてきた社会保障制度の財源状況が1973（昭和48）年のオイルショックにより一転し，大幅な見直しを余儀なくさせられる事態を迎えた。さらに，1981（昭和56）年の「**国際障害者年**」は，**ノーマライゼーション**や**ソーシャル・インクルージョン**の考え方を社会福祉関係者が認識する契機となり，「施設」から「地域」へという福祉サービス提供の枠組みの変化を加速させることとなった。地域の社会福祉協議会やボランティア，民間事業者等による在宅サービスの取り組みなどが注目され，活発化することで，社会福祉施設を拠点とした従来の中央集権型のサービスから，地方分権型のサービスへの移行が進みつつある。

こうした社会的・経済的構造変化と増大する社会福祉ニーズに対応するために，1980年代には，効率的な資金調達やサービス提供が求められるようになった。従来の単年度の予算制ではなく，中長期的な視野に立った行政計画が必要とされるようになったのである。

（2）新たな福祉計画の枠組み

こうして社会福祉の新たな枠組みが議論されるなか，1989（平成元）年に策定された「ゴールドプラン（高齢者保健福祉推進10ヵ年戦略）」は，高齢化社会に向けた今後10年間の目標と計画を示したものである。そして，ゴールドプランをきっかけに，従来国が中央集権的に策定していた福祉行政計画は，都道府県，市町村へと策定の主体を移し，地方分権の進展とあいまって，住民参加による計画策定が重視されるようになった。

このように，国が示す長期的，包括的な施策に基づいて都道府県や市町村が具体的なサービス内容や数値目標を定めた福祉計画を策定し，その実現に必要な財源や体制を整備するという方式は，ゴールドプラン以降，児童福祉や障害者福祉などの領域でも用いられるようになった。

高齢化と並んで深刻化が予測される少子化対策については，「エンゼルプラン（今後の子育て支援のための施策の基本的方向について）」が1994（平成6）年に策定され，以後10年間のわが国における子育て支援の基本的枠組みとしての働きを担うこととなった。この施策は，当時の厚生・文部・労働・建設4省の合意にもとづくもので，政府が部局の壁を越えた連携によって少子化問題に対する施策体系を示したという点で，わが国の福祉行政の歴史上大きな意義をもつ。

国の施策であるエンゼルプランを受けて，1995（平成7）年には地方版エンゼルプランともいえる「児童育成計画」が各地で策定され，住民の参加が図られるようになった。厚生労働省は，児童育成基盤整備事業として策定した自治体に補助を行い，ニーズ把握にもとづく計画行政を進めていくことを目指している。このように，エンゼルプランは，国と市町村とが相互に連携しつつ，市町村が主体となって地域福祉の基盤づくりに計画的に取り組むための仕組みを

構築するきっかけとなった。

　「団塊の世代」が後期高齢者に達する2022（平成34）年以降は，本格的な少子高齢社会が到来し，国民の負担が増大することが予測されている。こうしたなか，子育て支援や高齢者の介護をはじめとするさまざまな問題に地域が主体的，計画的に取り組み，住民参加のもとに解決していくための仕組みが一層必要となるだろう。

---コラム---

子ども・子育て支援新制度

　2015（平成27）年4月より新たに施行される保育制度。少子化や育児をめぐるさまざまな課題を解決するため，2012（平成24）年8月に成立した「子ども・子育て支援法」と，関連する子ども・子育て関連3法にもとづく新制度です。

　子ども・子育て支援制度の大きな目的は，1. 質の高い幼児期の学校教育・保育の総合的な提供，2. 保育の量的拡大と確保・質的改善，3. 地域の子育て支援の充実の3つです。利用者側からみた場合の特徴として，保育の必要レベルに応じた「支給認定」の導入があります。保育所，幼稚園，認定こども園，小規模保育等の利用を希望する場合は，子どもの年齢や保育の必要性，親の働く時間等に応じて1か月あたりの利用時間の上限が定められた「認定証」が必要となります。

出所：内閣府『子ども・子育て支援新制度ハンドブック』をもとに筆者作成。

【用語解説】

アソシエーション……人びとの特定の関心を満たすために自主的につくられる団体や組織のことをいう。アソシエーション型組織は活動範囲が広域になりやすく，リーダーシップによる運営が行われることが多く，特定の目標の達成のためにつくられている。これらの対になるものをコミュニティやコミュニティ型組織という。地域の自治会やPTAなどの地域で一定の生活圏域のなかで，世帯単位で全世帯が加入することが原則となっている組織である。

国際障害者年……障害者の社会生活の保障と参加の国際的努力の推進を目的に，国際連合が1981（昭和56）年を「国際障害者年」に指定。障害者の「完全参加と平等」をテーマに，①障害者の身体的，精神的な社会適合の援助，②就

労の機会保障、③日常生活への参加の促進、④社会参加権の周知徹底のための社会教育と情報の提供、⑤国際障害者年の目的の実施のための措置と方法の確立をその内容としている。

ノーマライゼーション……「障害者と健常者とは、互いが特別に区別されることなく社会生活をともにするのが正常で、本来の望ましい姿である」とする社会理念。それに向けた運動や施策も含まれる。1950年代、デンマークのバンク－ミケルセン（Bank-Mikkelsem, N. E.）が提唱し、スウェーデンのニーリエ（Nirje, B.）により国際的に広められたことで、今日の社会福祉における基本理念のひとつになっている。

ソーシャル・インクルージョン……「障害者らを社会から隔離したり排除するのではなく、社会の構成員として包み込み、ともに支えあって暮らしていこう」とする社会理念。「社会的包摂（ほうせつ）」「社会的包容力」などと訳される。近年、教育界で広がりつつあるインクルージョンの概念は、子どもたちがもつ多様なニーズを考慮し、すべての子どもに対して開かれた学習施設や教育制度により、すべての子どもたちを包み込んでいこうとするものであり、特別支援教育へとつながっている。

ゴールドプラン（高齢者保健福祉推進10ヵ年戦略）……高齢化社会に向け、厚生（現：厚生労働）省が1989（平成元）年に制定した社会福祉計画。市町村における在宅福祉対策、施設の緊急整備等を目的に、在宅福祉の推進、特別養護老人ホーム・デイサービス・ショートステイ等の緊急整備などが掲げられた。その後、高齢化の急速な進行に対応すべく新ゴールドプラン（高齢者保健福祉5ヵ年計画：1994〔平成6〕年）、「ゴールドプラン21」（2001〔平成13〕年）が策定されている。

【振り返り問題】

1　契約利用方式の3タイプを、順を追って図式してみよう。
2　さまざまなNPO法人の具体例を探してみよう。
3　あなたの住んでいる市町村の児童育成計画（次世代育成計画）について調べ

てみよう。その計画が策定された経緯，今後の課題や展望などについても調べ，今後の少子高齢化社会における福祉計画のあり方について考察してみよう。

〈引用文献〉
(1) 厚生労働省社会・援護局地域福祉課「ボランティア」2014年8月26日（http://www.mhlw.go.jp/shingi/2007/12/dl/s1203-5e.pdf）。
(2) 厚生労働省「社会福祉事業の経営者による福祉サービスに関する苦情解決の仕組みの指針について」，平成12年6月7日付 厚生省関係四部局長通知。
(3) 厚生労働省「社会保障審議会・福祉部会第9回資料」2004年。

〈参考文献〉
大森彌『地域福祉と自治体行政』ぎょうせい，2002年。
河野高志「日本のケアマネジメント展開の課題――英米との比較をとおした今の展望の考察」『福岡県立大学人間社会学部紀要』Vol. 22, No. 1, 2013年，1～17頁。
社会福祉養成講座編集委員会編『地域福祉の理論と方法』中央法規出版，2013年，45頁。
中井健一「続・戦後日本社会福祉論争 その3 措置制度論争」『東邦学誌』第38巻第2号，2009年，91～107頁。

（第1節・第2節 浅川茂実，第3節・第4節 八木玲子）

第7章
社会福祉施設の機能と役割

本章のポイント

保育士の資格を得るためには，保育実習Ⅰ（保育所実習，施設実習）と保育実習Ⅱ（保育所実習），保育実習Ⅲ（施設実習）のどちらかを選択しなければなりません。ここでいう施設実習とは基本的には児童福祉施設を指しますが，障害者支援施設等も対象になっています。また，保育実習Ⅲでは児童厚生施設，その他社会福祉関係諸法令の規定にもとづき設置されている施設も対象になっています。

本章では社会福祉施設のはたらきや，それらが何のためにあるのか，どのような人びとに対してどのようなサービス（事業）を提供しているのか，などについて学びます。また，社会福祉施設のなかでも，保育所をはじめとした児童福祉施設の概要と，そこで働く保育士についても理解を深めます。

第1節　社会福祉施設の役割

（1）社会福祉施設とは

社会福祉施設とは，社会生活上の問題を抱える高齢者，児童，障害者，生活困窮者などに対して，問題の解決や軽減のために種々の社会福祉サービスの提供を行い，これらの者の福祉の増進を図ることを目的として設置された施設のことである(1)。

これら社会福祉施設は，福祉6法とそれに関連する法にもとづいて運営され

表7-1 社会福祉施設の分類

保護施設	救護施設，更生施設，医療保護施設，授産施設，宿泊提供施設
老人福祉施設	老人デイサービスセンター，老人短期入所施設，養護老人ホーム（一般・盲），特別養護老人ホーム，軽費老人ホーム（A型・B型・ケアハウス），老人福祉センター（特A型・A型・B型），老人介護支援センター
障害者支援施設等	障害者支援施設，地域活動支援センター，福祉ホーム
身体障害者社会参加支援施設	身体障害者福祉センター（A型・B型・障害者更生センター），補装具製作施設，盲導犬訓練施設，聴覚障害者情報提供施設（点字図書館，点字出版施設）
婦人保護施設	婦人保護施設
児童福祉施設	助産施設，乳児院，母子生活支援施設，保育所，児童養護施設，障害児入所施設（福祉型・医療型），児童発達支援センター（福祉型・医療型），情緒障害児短期治療施設，児童自立支援施設，児童家庭支援センター，小型児童館，児童センター，大型児童館（A型・B型・C型），その他の児童館，児童遊園
母子・父子福祉施設	母子・父子福祉センター，母子・父子休養ホーム
その他の社会福祉施設等	授産施設，宿所提供施設，盲人ホーム，無料低額診療施設，隣保館，へき地保健福祉館，へき地保育所，有料老人ホーム

出所：厚生労働省「平成24年社会福祉施設等調査の概況」平成26年3月（http://www.mhlw.go.jp/toukei/saikin/hw/fukushi/12/dl/tyosa.pdf）および各法律を参考に筆者作成。

ている。具体的には，①生活保護法による「保護施設」，②老人福祉法による「老人福祉施設」，③障害者の日常生活及び社会生活を総合的に支援するための法律による「障害者支援施設等」，④身体障害者福祉法による「身体障害者社会参加支援施設」，⑤売春防止法による「婦人保護施設」，⑥児童福祉法による「児童福祉施設」，⑦母子及び父子並びに寡婦福祉法による「母子・父子福祉施設」，⑧その他の社会福祉施設等に大きく分けることができる（表7-1参照）。

またこれらとは別に，介護を必要とする人を入所させサービスを行う介護保険施設（介護老人福祉施設・介護老人保健施設・介護療養型医療施設）がある。

（2）社会福祉施設の形態

社会福祉施設を形態で分類すると，入所型，通所（通園）型，利用型に分けることができる。

入所型施設は，在宅生活が困難な利用児・者に母子生活支援施設や養護老人

第7章 社会福祉施設の機能と役割

表7-2 施設の種類, 年次別施設数

(各年10月1日現在)

施設の種類	2006年	2007年	2008年	2009年 1)	2010年 1)	2011年 1)	2012年 基本票 2)	2012年 詳細票 3)
総数	61,970	61,804	61,778	57,502	50,343	50,129	55,881	48,250
保護施設	298	302	300	299	297	294	295	231
老人福祉施設 4)	10,116	9,446	9,236	8,421	4,858	4,827	5,323	4,962
障害者支援施設等	—	2,233	2,898	3,334	3,764	4,263	5,962	5,330
(旧) 身体障害者更生援護施設	1,508	1,188	972	715	498	286	—	—
(旧) 知的障害者援護施設	4,682	3,873	3,315	2,567	2,001	1,127	—	—
(旧) 精神障害者社会復帰施設	1,697	935	782	635	504	366	—	—
身体障害者社会参加支援施設	844	377	374	351	337	318	308	295
婦人保護施設	49	49	48	48	47	45	46	46
児童福祉施設	33,464	33,524	33,431	32,353	31,623	31,599	33,873	29,079
保育所	22,720	22,838	22,898	22,250	21,681	21,751	23,740	22,720
母子福祉施設	73	72	69	62	63	60	61	57
その他の社会福祉施設等	9,239	9,805	10,353	8,717	6,351	6,944	10,013	8,250

注: 1) 2009〜2011年は, 調査方法等の変更による回収率の影響を受けていることに留意する必要がある。
   2) 2012年基本票は, 都道府県・指定都市・中核市において把握している施設のうち, 活動中の施設について集計している。
   3) 2012年詳細票は, 詳細票が回収された施設のうち, 活動中の施設について集計している。
   4) ここでの老人福祉施設とは養護老人ホーム, 軽費老人ホーム, 老人福祉センターであり, 2009年までは老人介護支援センターが含まれる。

出所: 厚生労働省「平成24年社会福祉施設等調査の概況」平成26年3月 (http://www.mhlw.go.jp/toukei/saikin/hw/fukushi/12/dl/toukei2.pdf)。

ホームなどの生活の場を提供し，利用者はそれぞれの施設で社会福祉サービスを受けることができる。通所（通園）型施設は，在宅生活をしている利用児・者が保育所や老人デイサービスセンターなどに通って社会福祉サービスを受けることができる。利用型施設は，児童館や老人福祉センターなどの施設であり，いわゆる一般の人も利用することができる施設である。

社会福祉施設の数は2012（平成24）年10月1日現在，5万5,881施設あり，その約6割が児童福祉施設であり，児童福祉施設の約7割を保育所が占めている（表7‐2参照）。

第2節　社会福祉施設と社会福祉事業

（1）社会福祉事業の体系

社会福祉施設は社会福祉法で第一種社会福祉事業と第二種社会福祉事業に分けて定められている。第一種社会福祉事業は，経営適正を欠いた場合，利用者の人権擁護の観点から問題が大きいため，確実公正な運営確保の必要性が高い事業（主として入所施設サービス）であり，第二種社会福祉事業は，事業の実施にともない，弊害のおそれが比較的少なく，自主性と創意工夫を助長するため，公的規制の必要性が低い事業（主として在宅サービス）[2]とされている（表7‐3参照）。

（2）児童福祉施設の概要

児童福祉施設は，子どもやその保護者に適切な環境を提供し，養育や保護，訓練，育成等を行うことにより子どもの福祉の増進を図り，その自立を支援することを目的とした施設である[3]。具体的には児童福祉法第7条において，助産施設，乳児院，母子生活支援施設，保育所，児童厚生施設，児童養護施設，障害児入所施設，児童発達支援センター，情緒障害児短期治療施設，児童自立支援施設，児童家庭支援センターとなっている。

これらの児童福祉施設は，対象や目的によって表7‐4のように分類することができる。

表7-3　第一種・第二種社会福祉事業

第一種社会福祉事業
・生活保護法に規定する救護施設，更生施設 ・生計困難者を無料または低額な料金で入所させて生活の扶助を行う施設 ・生計困難者に対して助葬を行う事業 ・児童福祉法に規定する乳児院，母子生活支援施設，児童養護施設，障害児入所施設，情緒障害児短期治療施設，児童自立支援施設 ・老人福祉法に規定する養護老人ホーム，特別養護老人ホーム，軽費老人ホーム ・障害者総合支援法に規定する障害者支援施設 ・売春防止法に規定する婦人保護施設 ・授産施設 ・生計困難者に無利子または低利で資金を融通する事業 ・共同募金を行う事業（法第113条）
第二種社会福祉事業
・生計困難者に対して日常生活必需品・金銭を与える事業 ・生計困難者生活相談事業 ・児童福祉法に規定する障害児通所支援事業，障害児相談支援事業，児童自立生活援助事業，放課後児童健全育成事業，子育て短期支援事業，乳児家庭全戸訪問事業，養育支援訪問事業，地域子育て支援拠点事業，一時預かり事業 ・児童福祉法に規定する助産施設，保育所，児童厚生施設，児童家庭支援センター ・児童福祉増進相談事業 ・母子及び父子並びに寡婦福祉法に規定する母子家庭日常生活支援事業，父子家庭日常生活支援事業，寡婦日常生活支援事業 ・母子及び父子並びに寡婦福祉法に規定する母子・父子福祉施設 ・老人福祉法に規定する老人居宅介護等事業，老人デイサービス事業，老人短期入所事業，小規模多機能型居宅介護事業，認知症対応型老人共同生活援助事業，複合型サービス福祉事業 ・老人福祉法に規定する老人デイサービスセンター（日帰り介護施設），老人短期入所施設，老人福祉センター，老人介護支援センター ・障害者総合支援法に規定する障害者福祉サービス事業，一般相談支援事業，特定相談支援事業，移動支援事業，地域活動支援センター，福祉ホーム ・身体障害者福祉法に規定する身体障害者生活訓練等事業，手話通訳事業又は介助犬訓練事業若しくは聴導犬訓練事業 ・身体障害者福祉法に規定する身体障害者福祉センター，補装具製作施設，盲導犬訓練施設，視聴覚障害者情報提供事業，身体障害者更生相談事業 ・知的障害者福祉法に規定する知的障害者更生相談事業 ・生計困難者に無料または低額な料金で簡易住宅を貸し付け，または宿泊所等を利用させる事業 ・生計困難者に無料または低額な料金で診療を行う事業 ・生計困難者に無料または低額な費用で介護老人保健施設を利用させる事業 ・隣保事業 ・福祉サービス利用援助事業 ・各社会福祉事業に関する連絡 ・各社会福祉事業に関する助成

出所：厚生労働省「第1回社会福祉法人の在り方等に関する検討会資料」「2　社会福祉法人の現状」平成25年9月27日（http://www.mhlw.go.jp/file/05-Shingikai-12201000-Shakaiengokyoku shougaihokenfukushibu-Kikakuka/0000036683.pdf）を筆者一部改変。

表 7-4　児童福祉施設の分類

保育を目的とする施設	保育所
要保護児童を対象とする施設	乳児院，児童養護施設，児童自立支援施設，情緒障害児短期治療施設，【里親】
相談・援助を目的とする施設	児童家庭支援センター，【児童相談所の一時保護施設】
障害のある子どもを支援する施設	障害児入所施設（福祉型・医療型），児童発達支援センター（福祉型・医療型）
健全な育成を目的とする施設	児童厚生施設 児童館（小型児童館・児童センター・大型児童館A型・大型児童館B型・大型児童館C型・その他の児童館）・児童遊園
母と子を対象とする施設	助産施設，母子生活支援施設

注：【　】は児童福祉法における児童福祉施設ではない。
出所：WAM NET「児童福祉制度解説」2014年11月5日閲覧（http://www.wam.go.jp/content/wamnet/pcpub/jidou/handbook/system/）を参考に筆者作成。

― コラム ―

児童福祉施設の歴史

　江戸時代が終わり明治時代になると，篤志家によって児童施設がつくられました。1874（明治7）年，岩永マキらにより長崎につくられた「浦上養育院」は，親のいない子どもや捨てられた子どもを養育しました。1887（明治20）年，岡山に「岡山孤児院」をつくった石井十次は濃尾震災や東北大凶作にあった子どもたちを保護しました。1891（明治24）年，石井亮一は濃尾震災にあった孤児を東京で引きとって「孤女学院」をつくり，その後わが国初の知的障害児施設となる「滝乃川学園」となりました。1899（明治32）年，東京に「家庭学校」をつくった留岡幸助は，非行少年たちを収容し，更生させ（これを感化事業といいます），1914（大正3）年には北海道に分校をつくりました。この他には，長崎の「奥浦村慈恵院」，兵庫の「女子教育院」，東京の「日本聖保祿会育児部」，熊本の「天使園」，大阪の「大阪聖約翰学園」や「博愛社」，京都の「天主教女子養育院」，群馬の「上毛孤児院」などがあります。
　これらの施設に共通するものは，キリスト教徒やその関係者によって設立されたという点です。また上記のキリスト教系施設だけでなく，仏教関係者による施設もあります。公的な制度が確立していなかった明治時代，熱心な宗教家によって，多くの子どもたちが救われたのです。

出所：井村圭壯・藤原正範編著『日本社会福祉史』勁草書房，2007年，41～47頁を参照し，一部加筆のうえ筆者作成。

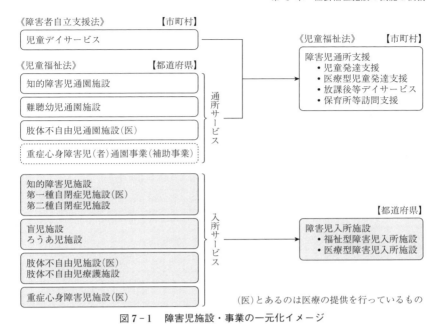

図7-1 障害児施設・事業の一元化イメージ

出所:厚生労働省「障害児支援の強化について」2014年11月5日閲覧 (http://www.mhlw.go.jp/seisakunitsuite/bunya/hukushi_kaigo/shougaishahukushi/kaiseihou/dl/sank-ou_111117_01-06.pdf)。

(3) 障害者総合支援法における児童施設

2013(平成25)年に施行された「障害者の日常生活及び社会生活を総合的に支援するための法律」(以下,障害者総合支援法と記す)は,2006(平成18)年に施行された障害者自立支援法が改正された法律である。この法律の目的は,障害者基本法の基本的な理念にのっとり,「障害者及び障害児の福祉に関する法律と相まって,障害者及び障害児が基本的人権を享有する個人としての尊厳にふさわしい日常生活又は社会生活を営むことができるよう,必要な障害福祉サービスに係る給付,地域生活支援事業その他の支援を総合的に行い,もって障害者及び障害児の福祉の増進を図るとともに,障害の有無にかかわらず国民が相互に人格と個性を尊重し安心して暮らすことのできる地域社会の実現に寄与すること」(同法第1条)と示されている。

障害のある子どもの施設と事業ついては,それまで障害種別ごとに分かれた施設体系が,2012(平成24)年4月より障害児通所支援と障害児入所施設に一元化された。なお,障害児通所支援は児童発達支援センターとして制度化された(図7-1参照)。障害児施設・事業の一元化にかかわる基本的な考え方は「身近な地域で支援が受けられるよう,どの障害にも対応できるようにするとともに,引き続き,障害特性に応じた専門的な支援が提供されるよう質の確保を図る」とされている。[4]

第3節　社会福祉施設の概要

(1) 社会福祉法人の概要

　みなさんの身近にある保育所を思い浮かべてほしい。その施設名の前には,社会福祉法人○○会などと書かれていないだろうか。全国にあるさまざまな社会福祉施設のなかでもっとも多い運営母体は,社会福祉法人なのである(表7-5参照)。

　社会福祉法において社会福祉法人とは,「社会福祉事業を行うことを目的として,この法律の定めるところにより設立された法人」(同法第22条)とされている。また社会福祉法人の経営の原則を「自主的にその経営基盤の強化を図るとともに,その提供する福祉サービスの質の向上及び事業経営の透明性の確保を図らなければならない」(同法第24条)としている。社会福祉法人は,一般の法人に比べて事業内容や財務内容などに関する規定がきびしく設けられ,他の法人よりも公共性が高いために透明性が求められる。[5]

(2) 主な社会福祉施設

　これまで述べてきたように社会福祉施設は関連する法律によりさまざまな施設が設置・経営されているが,ここでは第一種社会福祉事業として生活保護法にもとづいて設置されている救護施設,第二種社会福祉事業として障害者総合支援法にもとづいて設置されている地域活動支援センター,老人福祉法にもと

表7-5 施設の種類別にみた経営主体別施設数

平成24年10月1日現在

	総数	公営			私営				その他
		国・独立行政法人	都道府県	市区町村[1]	社会福祉法人	医療法人	公益法人・日赤	その他の法人[2]	
総数	55,881	56	257	18,992	24,075	848	308	10,915	430
保護施設	295	―	1	28	265	―	―	1	―
老人福祉施設	5,323	―	1	1,061	3,966	43	20	181	51
障害者支援施設等	5,962	11	31	176	3,807	205	19	1,688	25
身体障害者社会参加支援施設	308	―	13	36	199	―	18	39	3
婦人保護施設	46	―	22	―	24	―	―	―	―
児童福祉施設	33,873	45	185	16,064	15,049	70	204	1,979	277
(再掲) 保育所	23,740	1	2	9,811	12,273	13	9	1,468	163
母子福祉施設	61	―	4	4	31	―	―	22	―
その他の社会福祉施設等	10,013	―	―	1,623	734	530	47	7,005	74
(再掲) 有料老人ホーム	7,519	―	―	2	424	481	3	6,588	21

注:1) 市区町村には一部事務組合・広域連合を含む。
　　2) その他の法人には営利法人（会社）を含む。
出所:厚生労働省「平成24年社会福祉施設等調査の概況　結果の概要」平成26年3月（http://www.mhlw.go.jp/toukei/saikin/hw/fukushi/12/dl/kekka-kihonhyou01.pdf）。

づいて設置されている老人福祉センター，隣保館，近年増加している有料老人ホームについて紹介する。

①救護施設

身体上又は精神上著しい障害があるために日常生活を営むことが困難な要保護者を入所させて，生活扶助を行うことを目的とする施設（生活保護法第38条

2)。

②地域活動支援センター

利用者（地域活動支援センターを利用する障害者及び障害児）が地域において自立した日常生活又は社会生活を営むことができるよう，利用者を通わせ，創作的活動又は生産活動の機会の提供及び社会との交流の促進を図るとともに，日常生活に必要な便宜の供与を適切かつ効果的に行うものでなければならない（障害者自立支援法に基づく地域活動支援センターの設備及び運営に関する基準第2条）。

③老人福祉センター

地域の老人に対して，各種の相談に応ずるとともに，健康の増進，教養の向上及びレクリエーションのための便宜を総合的に供与し，もって老人に健康で明るい生活を営ませることを目的とする（老人福祉センター設置運営要綱）。

④隣保館

地域社会全体の中で福祉の向上や人権啓発の住民交流の拠点となる開かれたコミュニティーセンターとして，生活上の各種相談事業や人権課題の解決のための各種事業を総合的に行う（隣保館設置運営要綱）。

⑤有料老人ホーム

「老人を入居させ，入浴，排せつ若しくは食事の介護，食事の提供又はその他の日常生活上必要な便宜であつて厚生労働省令で定めるものの供与をする事業を行う施設であつて，老人福祉施設，認知症対応型老人共同生活援助事業を行う住居その他厚生労働省令で定める施設でないもの」（老人福祉法第29条）。有料老人ホームは民間の活力と創意工夫により高齢者の多様なニーズに応えていくことが求められるものであり，（中略）施設設置者と入居者との契約が基本となることから，契約の締結及び履行に必要な情報が，入居者に対して十分提供されることが重要である（有料老人ホームの設置運営標準指導指針について）。

―― コラム ――

施設コンフリクト

川村隆彦は「これまで研修や講演のなかで，福井達雨編『みんなみんなぼくのとも

> だち』(偕成社，1980年)という絵本を紹介してきました。この絵本の主人公，義人くんは，両親が知的障害児の施設（止揚学園）を運営していることもあり，子どものころからごく自然に，障害児といっしょに生活を送ってきました。しかし，そのことで，町の子どもたちから偏見と差別を受けることになります。小学3年生のとき義人くんは，算数の試験が悪かったことで，町の子どもたちから『お前はアホな子といっしょにいるからアホや』とからかわれました。しかし，それに対して義人くんは，『ぼくはいつもいっしょにいるから，あの子どもたちのことがよくわかる。彼らは，頭は弱いけど，優しい心をもっている』と，障害児の立場を見事に擁護するのでした。(中略)
> 　このところ，地域住民の近くに障害者施設を建設する動きに，住民たちが真っ向から反対するという『施設コンフリクト（コンフリクト：意見・利害等の衝突）』が起きています。こうした現実に直面する度に私は，絵本のなかの義人くんと，からかった町の子どもたちの様子が目に浮かび，『義人くんの問題は，決して終わっていない。あのとき，町の子どもたちの心に植えられた偏見という種は，今，深刻な差別や排除という実に熟し，地域のなかに広がっている』，そう確信するのだった」といっています。
>
> 出所：川村隆彦『支援者が成長するための50の原則』中央法規出版，2006年を筆者一部改変。

第4節　児童福祉施設と保育士の役割

　保育所をはじめ，多くの児童福祉施設で働く専門職のなかで，もっとも人数が多いのが保育士である。保育士とは，「保育士の名称を用いて，専門的知識及び技術をもつて，児童の保育及び児童の保護者に対する保育に関する指導を行うことを業とする者」（児童福祉法第18条の4）である。上記の職務を実践するために，保育士には日々の保育を展開し構成することができる力とともに，的確に子どもの様子を把握できる力や，子どもの変化に気づくことができる力が求められる。また，保護者に対する保育相談支援や相談援助では，ソーシャルワークやカウンセリング，ケアマネジメントの技術などを援用しながら，保育士独自の専門性にもとづいた支援が期待されている。[6]次に主な児童福祉施設の目的と内容を記す。

(1) 乳児院

　乳児院は乳児（保健上，安定した生活環境の確保その他の理由により特に必要のある場合には，幼児を含む。）を入院させて，これを養育し，あわせて退院した者について相談その他の援助を行うことを目的とする（児童福祉法第37条）。

　養育内容としては児童福祉施設の設備及び運営に関する基準（以下，児童福祉施設最低基準と記す）第23条で「乳児院における養育は，乳幼児の心身及び社会性の健全な発達を促進し，その人格の形成に資することとなるものでなければならない。2　養育の内容は，乳幼児の年齢及び発達の段階に応じて必要な授乳，食事，排泄，沐浴，入浴，外気浴，睡眠，遊び及び運動のほか，健康状態の把握，第十二条第一項に規定する健康診断及び必要に応じ行う感染症等の予防処置を含むものとする。3　乳児院における家庭環境の調整は，乳幼児の家庭の状況に応じ，親子関係の再構築等が図られるように行わなければならない」としている。

(2) 母子生活支援施設

　母子生活支援施設は，配偶者のない女子又はこれに準ずる事情にある女子及びその者の監護すべき児童を入所させて，これらの者を保護するとともに，これらの者の自立の促進のためにその生活を支援し，あわせて退所した者について相談その他の援助を行うことを目的とする（児童福祉法第38条）。

　生活支援内容としては「母子を共に入所させる施設の特性を生かしつつ，親子関係の再構築等及び退所後の生活の安定が図られるよう，個々の母子の家庭生活及び稼働の状況に応じ，就労，家庭生活及び児童の養育に関する相談，助言及び指導並びに関係機関との連絡調整を行う等の支援により，その自立の促進を目的とし，かつ，その私生活を尊重して行わなければならない」（児童福祉施設最低基準第29条）としている。

第 7 章 社会福祉施設の機能と役割

── コラム ──

母子生活支援施設倉明園の支援の基本姿勢

　母子生活支援施設の取り組みを紹介している書籍に坂本信子監修『母と子のきずな（パートⅡ）——母子生活支援施設は家族を支援します』があります。このなかで，母子生活支援施設の取り組みについて次のように書かれています。

　平成17年度の反省会では，時間をかけ1年間の取り組みを振り返りました。小学生担当の少年指導員からは，「子どもたちの居場所づくりと，ありのままの姿を認め，受け止めていくよう個別支援を最大のテーマに取り組んだ」。中学生担当の少年指導員からは，「"自分は自分らしくあっていいんだ"という自己肯定感を育めるよう，いつでも"見守っている""味方なんだ"という気持ちが伝わるよう心がけた」。

　保育士からは「母の不安定な感情を敏感に感じ取り，何らかの形で訴えてくる子どもたちの姿を強く感じた。家で出し切れていない甘えやパワー，反抗などを保育室で出しているように感じ，できるだけ子どもたちの欲求を受け止めながらも，子どもたちの『今』に応えるのは難しかった」。

　母子指導員からは「出産前後のさまざまなケアの中で，誕生した新しい命の成長を日々目の当たりにし，人が成長していく"今"を共に過ごせることにいとしさや，また母子生活支援施設の職員としてその成長を支えることの重さや深さも実感している」など，それぞれの思いを語り合いました。

　出所：坂本信子監修『母と子のきずな（パートⅡ）——母子生活支援施設は家族を支援します』三学出版，2007年，181頁を筆者一部改変。

（3）児童養護施設

　児童養護施設は，保護者のない児童（乳児を除く。ただし，安定した生活環境の確保その他の理由により特に必要のある場合には，乳児を含む），虐待されている児童その他環境上養護を要する児童を入所させて，これを養護し，あわせて退所した者に対する相談その他の自立のための援助を行うことを目的とする（児童福祉法第41条）。

　養護内容としては「児童に対して安定した生活環境を整えるとともに，生活指導，学習指導，職業指導及び家庭環境の調整を行いつつ児童を養育することにより，児童の心身の健やかな成長とその自立を支援することを目的として行わなければならない」（児童福祉施設最低基準第44条）としている。

(4) 情緒障害児短期治療施設

情緒障害児短期治療施設は、軽度の情緒障害を有する児童を、短期間、入所させ、又は保護者の下から通わせて、その情緒障害を治し、あわせて退所した者について相談その他の援助を行うことを目的とする（児童福祉法第43条の2）。

心理療法及び生活指導は、「児童の社会的適応能力の回復を図り、児童が、当該情緒障害児短期治療施設を退所した後、健全な社会生活を営むことができるようにすることを目的として行わなければならない」（児童福祉施設最低基準第75条）としている。

(5) 児童自立支援施設

児童自立支援施設は、不良行為をなし、又はなすおそれのある児童及び家庭環境その他の環境上の理由により生活指導等を要する児童を入所させ、又は保護者の下から通わせて、個々の児童の状況に応じて必要な指導を行い、その自立を支援し、あわせて退所した者について相談その他の援助を行うことを目的とする（児童福祉法第44条）。

生活指導及び職業指導は、「すべて児童がその適性及び能力に応じて、自立した社会人として健全な社会生活を営んでいくことができるよう支援することを目的として行わなければならない」（児童福祉施設最低基準第84条）としている。

第5節　児童福祉施設の方向と課題

(1) 児童福祉施設

2012（平成24）年3月厚生労働省は「児童養護施設運営指針」を定めた。その中で、「児童養護施設の将来像」として、「本体施設のすべてを小規模グループケアにしていくとともに、本体施設の定員を少なくし、地域のグループホームに移していく方向に進むべきである」としている。さらに、「家庭養護を優先する社会的養護の原則の下、児童養護施設は、家庭養護の担い手である里親やファミリーホームを支援していく」としている。

また、「養育・支援の基本」のなかで、発達段階に応じた学びや遊びの場を保障するとし、「幼稚園の就園等、可能な限り施設外で教育を受ける機会を保障する。子どもの発達段階や学校適応状況を勘案して、必要に応じて特別支援教育を受ける機会を保障する」としている。

これは、児童養護施設や乳児院などの児童福祉施設をできるだけ家庭的環境に近づけるため、今後規模を小さくしていくことをすすめている。また児童養護施設に入所する児童の半数以上が親から虐待をうけており、心のケアが求められる。

さらに保育所などでは、ノーマライゼーションの浸透などにより、障害のある子どもやその可能性がある子どもの受け入れにともなう、保育体制の整備が求められる。

（2）障害児入所施設

2014（平成26）年7月16日付、障害児支援の在り方に関する検討会「今後の障害児支援の在り方について（報告書）〜『発達支援』が必要な子どもの支援はどうあるべきか〜」のなかで、障害児入所支援に関して、「障害児通所支援の場合と同様に、従来は障害種別にもとづき位置づけが分かれていたものが、新しい制度では医療の提供を行うかどうかによって『福祉型』と『医療型』に再編された」としている。

さらに、「新しい制度では、18歳（遅くとも20歳）になったら障害者総合支援法にもとづく障害福祉サービス等を利用することとされたが、各障害児入所施設は2012（平成24）年4月時点で従来からの体制のままで障害者支援施設としての、みなし指定を受け、2017（平成29）年度までの猶予期間の間に都道府県・市町村とも相談の上で、平成30年度からは障害児入所施設のみとして運営するか、障害者支援施設に転換するか、両者の併設施設として運営するかを判断すること」とされている。

障害児入所施設への入所の背景として、障害そのものが理由というより、親子関係の不調や養育能力の欠如といった社会的養護の必要性から施設への入所

に至っているケースも多くなっている。障害児施設においても，子どもの人権が侵害されることのないように，そして，子どもの最善の利益の保障を担保するために，設備や職員配置等のケア基準の向上，職員の適切な養育観や人権意識の醸成，個別の障害に対応可能な専門的力量が課題とされている。⁽⁷⁾

（3）里親制度

　児童養護施設等の社会的養護の課題に関する検討委員会・社会保障審議会児童部会社会的養護専門委員会「社会的養護の課題と将来像への取組状況」（平成24年度10月版）のなかで「社会的養護の基盤づくり」について「家庭的養護を推進していくため，養育者の家庭に子どもを迎え入れて養育を行う里親やファミリーホームを優先するとともに，児童養護施設，乳児院等の施設養護も，できる限り小規模で家庭的な養育環境の形態に変えていく。また，家庭的養護の推進は，養育の形態の変革とともに，養育の内容も刷新していくことが重要」などとしている。

　里親制度とは，「何らかの事情により家庭での養育が困難又は受けられなくなった子ども等に，温かい愛情と正しい理解を持った家庭環境の下での養育を提供する制度」である。日本の社会的養護は，施設が9割で里親は1割であり，欧米諸国と比べて，施設養護に偏っている。⁽⁸⁾

　2012（平成24）年4月から児童養護施設および乳児院に里親支援専門相談員（里親支援ソーシャルワーカー）を配置し，里親支援の充実を図ることとなり今後の普及が期待される。⁽⁹⁾

【用語解説】

福祉6法……生活保護法，児童福祉法，身体障害者福祉法，知的障害者福祉法，老人福祉法，母子及び父子並びに寡婦福祉法の6つの法律を指す。

【振り返り問題】

1　社会福祉施設とは何かまとめてみよう。

第 7 章 社会福祉施設の機能と役割

2 第一種社会福祉事業と第二種社会福祉事業のちがいを整理してみよう。
3 児童福祉施設の課題について,自分なりに調べてみよう。

〈引用文献〉
(1) 橋本好市・宮田徹編著『保育と社会福祉』みらい,2012年,98頁。
(2) 厚生労働省,第1回社会福祉法人の在り方等に関する検討会資料2「社会福祉法人の現状」(http://www.mhlw.go.jp/file/05-Shingikai-12201000-Shakaiengokyokushougaihokenfukushibu-Kikakuka/0000036683.pdf)2014年11月5日閲覧。
(3) 松本峰雄・小野澤昇編著『はじめて学ぶ社会福祉』建帛社,2014年,99頁。
(4) 厚生労働省「障害児支援の強化について」(http://www.mhlw.go.jp/seisakunitsuite/bunya/hukushi_kaigo/shougaishahukushi/kaiseihou/dl/sankou_111117_01-06.pdf)2014年11月5日閲覧。
(5) 前掲書(3),70頁。
(6) 前掲書(1),122頁。
(7) 小野澤昇・田中利則・大塚良一編著『保育の基礎を学ぶ福祉施設実習』ミネルヴァ書房,2014年,34頁。
(8) 厚生労働省「里親制度等について」(http://www.mhlw.go.jp/bunya/kodomo/syakaiteki_yougo/02.html)2014年11月5日閲覧。
(9) 厚生労働省「家庭支援専門相談員,里親支援専門相談員,心理療法担当職員,個別対応職員,職業指導員及び医療的ケアを担当する職員の配置について」(http://www.mhlw.go.jp/bunya/kodomo/pdf/tuuchi-70.pdf)2014年11月5日閲覧。

〈参考文献〉
岸井勇雄・無藤隆・柴崎正行監修『わかりやすい社会福祉』同文書院,2010年。
新保育士養成講座編纂委員会編『社会福祉/社会福祉と相談援助』全国社会福祉協議会,2013年。
橋本好市・宮田徹編著『保育と社会福祉』みらい,2012年。
三浦文夫編著『改訂社会福祉概論』建帛社,2010年。

(荻野基行)

第8章
社会福祉における相談援助

本章のポイント

近年、家族や子どもを取り巻く環境はより一層悪化しています。特に、子どもの貧困については2012（平成24）年で16.3％、6人に1人が貧困状態になっており、子育て世代の所得が減少している傾向がみられます。

そのなかで、保育士は保育所や福祉施設、あるいは地域社会で相談援助を行う必要性が求められています。本章では保育士が必要とする相談支援についての基礎を学びます。

第1節　相談援助とは何か

相談援助とはいかなる実践のことをいうのであろうか。最初にその説明を行う。

人間は長く生きていればさまざまな苦しみや悩みに遭遇する。ひいては、落ち込んだり心の病になったりしながら負の経験をする。その事態に陥ると、自力で解決・緩和することがむずかしくなり、だれかにすがりつきたくなりやすい。しかし、人生を左右しそうな難問を前にしてだれもが相談に乗ることができるわけではない。なぜならば、保育士が、現在、保護者の抱える状況を「さ さいなつまずき」であるとみえたとしても、保護者の抱える家庭環境や職場の状況、健康状態、あるいは受け取り方しだいでは、へたをすると、保護者の人生や生死を左右する重要な問題にまで発展する危険性を内包しているかもしれない。そのために、相談援助を遂行する保育士は多様な専門的知識や技術、倫

理観，人間性などを備えもつ必要がある。

　本来，社会福祉の相談援助は社会福祉士，精神保健福祉士などの専門家が支援をする者（クライエント：来談者）に対して関係性を構築するものである。保育士は相談援助の専門家ではない。しかし，その役割に相談者としての役割を付与さている。そのため，保育士は「ケースワーカー」であり，子どもや保護者は「クライエント」にあたる。この相互の援助関係の形成は重要である。したがって，本章ではケースワーカーに相当する「相談者」は「保育士」が担い，クライエントに相当する「来談者」は，「子ども，保護者，地域の住民」であることを考慮して，読み進めていただきたい。

　相談援助とは，相談者と来談者が相互に多様な情報や感情のやり取りを行いながら，お互いに刺激しあったり試行錯誤したり，あるいは支えあったりするなかで，お互いが成長する作業を繰り返すプロセスを辿るものである。しかも，相談者は，来談者の人間性や多様な特性を柔らかく受け入れながら，彼らの抱える悩みやつらさを浮き彫りにし，解決したり緩和したりする方向性に導くための援助や支援を行うことが期待される。

第2節　相談援助の意義

　保育士への社会的注目は少子化が進むなかで年々高まりつつある。また，女性の社会進出が不可欠となり進展するにつれて保育所等に期待する声は一層高まっている。具体的には，保育所内での保育活動が中心であった時代から，保育活動を中心に据えて，主に保育所や社会福祉施設（以下，施設という）に通う子どもや保護者を対象とする「保育相談支援」である。これは，地域社会の住民をもふくめて対象とし，かつ通所している子どもや保護者に限定しないで相談を行う「相談援助」の領域にまで抱合する時代へと大きく舵を切り始めている。特に，近年，保護者の貧困や精神病患者の増加，DVの増加，子どもに対する虐待の増加，養育能力の欠如などを背景として子育てに関する，「相談援助」は一層重要視されている。

これらの理由から、保育士に「相談者」の役割が期待されていることになる。これは、保育士が社会福祉士や精神保健福祉士、介護福祉士などと同等の国家資格に格上げされたことにもつながる。

第3節　相談者に期待される資質

(1) 保育士の役割

　保育士が援助関係をつくる際、相談者は専門的な知識や社会資源に関する情報が不足していたり、相談することによって解決の糸口をつかもうと必死で模索している状況にあることを理解する必要がある。そのために、相談援助の関係性のなかでの進行役は当然のことながら保育士が担わなければならない。しかも、援助関係は相談者と来談者の信頼関係が形成されて初めて相談援助を開始することができる。したがって、保育士の役割は重要なものとなる。

　また、保育士が援助を行う際には、相談援助の基本である子どもや保護者への積極的関心や受容態度を形成するために、人間尊重や冷静な判断力、職業倫理、傾聴、共感的理解などの相談援助の原理・原則にもとづいたスタンスを身につける必要がある。

(2) 自己覚知の必要性

　長年相談援助の仕事に長く携わっていくにつれて、相談者と来談者に同じ人間であり、相手に対する思いやりをもてなかったり、冷静な判断が下せなかったり、あるいは激しく感情を乱したりする経験をすることによって、相談者としての自己の感情や意識のコントロールができなくなってしまう自分と出会うことがある。このことにより援助のプロセスをふむことさえできない状況に陥ることもある。たとえば、相談者である保育士の幼馴染や家族がきわめて深刻な問題を抱えている事態を想定してみるとよい。おそらく保育士は、来談者がおかれている事態に直面することによって普段経験することができない、感情の乱れや心のゆらぎを強く感じるに違いない。また、目の前で生じている事態

を冷静，かつ客観的に観察したり判断したり支援計画を立てたりすることは，かなりむずかしい事態に陥りやすくなっている自分に気がつくかもしれない。加えて，来談者の心のゆらぎや傷の状態が劣悪な状態に陥っていればいるほど，相談者との信頼関係を形成することに慎重にならざるを得なくなり，結果として援助関係の形成が危うくなる事態も生じかねない。

　しかし，これらの事態は人間であればだれもが経験するものであり，人間関係を継続するなかでは生じやすい宿命のようなものである。したがって重要なことは，これらの事態に遭遇した際に相談者が来談者に対していかなる接遇や行動，あるいは態度などをとる傾向にあるのかを熟知していることである。

　つまり相談者としての自分はどのような個性やもち味，あるいは認識傾向をもっているのか。また，それが援助活動にいかなる影響を与えやすいのかなどを知っておくことが肝要なのである。これらの理由から，相談者である保育士には，**自己理解**や**自己覚知**の必要性が欠かせないことになる。

第4節　相談援助の対象

　保育士の援助の対象は，保育所や施設内外の子ども，保護者，地域の子育て支援に関する相談が主である。子どもは子どもなりに何気ないことで悩み，動揺し，眠れない夜を過ごすこともある。また，保護者は養育者として子どもに関する生活上，発達上の問題，あるいは家族内の問題を抱え，家庭が破綻する危険性に苛まれ，状況によっては専門家の援助が必要となることはめずらしくない。ひいては保育士や児童福祉司をはじめとする，医師や看護師，保健師などの専門家の相談援助が欠かせなくなる。これらの理由から，子どもや保護者の悩みや不安などに対して，保育士は，これまで培った知識や技術，専門性を活かして相談援助活動や支援活動を遂行する必要性に迫られる。

（1）子どもを対象とする相談援助

　それぞれの子どもは発達段階に応じた支援が必要である。成長するにした

がって，支援の内容や質，方向性は変わっていくことになる。たとえば，子どもに注目して考えてみると，彼らは生理的欲求の多くを自分で満たすことができきれない。そのため，母親や父親，祖父母，あるいは保育所・保育士や施設・保育士などの力を借りなければ，数多(あまた)の生理的ニーズを自力で充足することができにくい状況下におかれている。特に，乳幼児期は心身の発達にとっても重要な時期であり，暖かい愛情に包まれた環境で育てる必要がある。

　乳幼児にも悩みやどうにもならないいらだちはある。特に，言葉を話せるようになってからは，さまざまな要求や苦情，思いなどを，保護者や保育士へ伝えようと試みる。これは発達に障害がある子どもにおいても同様である。それぞれの子どもは，彼らなりに他者に伝えたいことがあったり，思い悩むことがあったり，聞いてもらいたい話があったりする。

（2）保護者を対象とする相談援助

　一般的に保護者は強い育児不安や発達不安を抱えている。これらの不安は初めて子育てに取り組む保護者には顕著(けんちょ)にみられる事態である。しかも，これらの事態は，さまざまな障害のある子どもを育てている保護者に一層強くみられる傾向がある。障害の種類としては，高機能自閉症やアスペルガー症候群，学習障害（LD），注意欠陥／多動性障害（AD/HD）などであるが，年少児のなかには障害の有無を見きわめることが困難なケースも多い。

　したがって，保育や療育を実施する際や個別に話をする際に，内容を理解できききれない，集団行動についていけない，あるいは集団になじめない乳幼児がいる。あるいは一人遊びが多く独自の世界に閉じこもっている子どもも少なくない。

　これらの「気になる子ども」を育てている保護者のなかには，子どもが抱えるこれらの事態に気づいていないケースや問題の存在を受け入れきれない保護者も少なくない。そのために，対象となる子どもが抱える問題についての情報やエピソードなどの記録は詳細に採り，可能な限り保護者へ伝え続ける必要がある。また，発達の個人差は顕著であるので，「障害」があるのか，未発達の

領域が一部みられるのかの判断は慎重に行い（医師や心理や障害の専門家の意見を聞くことも重要），「気になる子ども」に関する保護者への情報の通知は保護者の性格や情緒の安定度を見きわめながら行う必要がある。

さらに，虐待を受けている子どもを保育や療育の現場で発見する事態がみられる。また，保護者は虐待しているという意識はないが，客観的にみると，ネグレクトなどの事実上虐待と判断せざるを得ないケースが後を絶たない。したがって，保育士は自分が勤務する保育所や施設へ通う子どもが自宅で適切な養育が行われているか，否か，についてはつねに意識しながら子どもや保護者とほどよい援助関係を形成してゆくことは欠かせない。

（3）地域在住の一般の子どもや保護者を対象とする相談援助

近年，核家族化や少子化の進行や都市化の進展等にともない，家族内や親族関係が希薄化し，しかも近隣に相談相手が減少するなかで，子育て家庭の孤立化が一層進んでいる事態が見受けられる。これらの理由から，保護者にとっては身近に育児や養育について相談に応じることができる場所や人材の創造や確保は緊急課題となっている。

そのために，子どもの保育や療育を遂行している保育所・保育士や施設・保育士が地域における身近な相談窓口や受け皿として，彼らが身につけている保育や療育の専門知識や技術を活用して，保護者が有する育児や養育に関する悩みの受容や相談に応じ，彼らが抱え込んでいる育児や療育不安，あるいは虐待不安などの解消を図り，子どもの健全育成の促進や子どもの権利の擁護につながるように取り組んでいく必要がある。

第5節　相談援助の機能

これまで相談援助の機能については，さまざまな研究者や実践家がいくつかの見解を発表してきた。これについては，以下のコラムで紹介するが，ここでは，①調整的機能，②開発的機能，③教育的機能，④代弁的機能に分類して説

明を加えることにする。

コラム

相談援助の機能の分類

　相談援助の機能分類として，ジャーメイン（Germain, C.）と岡村重夫の分類を紹介します。
　（1）ジャーメインは，①仲介者，②代弁者，③組織者，④イネーブラー（可能とならしめる人），⑤促進者，教師の5つに分類しています。
　（2）岡村重夫は，①評価的機能，②調整的機能，③送致的機能，④開発的機能，⑤保護的機能の5つに分類しています。

出所：岩間伸之・白澤政和・福山和女編著『ソーシャルワークの理論と方法Ⅱ』ミネルヴァ書房，2010年，45～46頁を参照して筆者作成。

　相談援助の調整的機能は，個人や家族などの周囲で生じる人間関係や社会関係の相互作用のなかから生じるミクロレベル，地域社会や組織等の人びとが環境と相互に影響しあう接点に介入し，**エンパワメントと解放を促していくメゾレベル**，あるいは，人間の生活のさまざまな局面に生起する社会関係の矛盾や人権問題，社会正義などの問題を，社会正義の原理の下に，さまざまな視点から働きかけるマクロレベルでの矛盾や問題の解決に導くための機能を意味している。

　相談援助の開発的機能は，来談者の抱える問題や課題を解決したり緩和したりするために，現在，存在していない，あるいは内容的・質的に不十分な制度やサービス，社会福祉機関や施設，設備，ボランティアなどのマンパワーをつくりだしたり，拡充したりする機能を示唆している。

　相談援助の教育的機能は，主に来談者の立場におかれやすい個人や家族，集団，地域社会の人びとに対して，相談援助の関係を通して，彼らの能力に働きかけながら理解力を高める機能を意味している。

　相談援助の代弁的機能は2つに分けられる。1つは，何らかの理由で，来談者がサービス利用を申請できにくい状況におかれている場合を意味している。また，2つはサービスの利用を申請したが，サービス機関に拒否された場合な

どに異議を来談者に代わって申し立てたり，裁判などで争ったりする機能を意図している。

第6節　相談援助の原則

　相談援助は闇雲(やみくも)に行ってゆくものではない。やはり科学的に裏づけされた原則にもとづいて遂行する必要がある。ここでは「バイステックの7原則」を紹介する。この原則は，アメリカのケースワーカーのバイステック（Biestek, F. P.）が1957（昭和32）年に発表したものである。この7原則の基本原則は以下の通りである。

　1）来談者である子どもや保護者を個人としてとらえる（個別化の原則）

　来談者の抱える困難や問題，障害，病状は，たとえ類似することはあっても，同じ状態であることはない。むしろ，これらの考え方や感覚をもつことは相談援助を行う際に，援助関係に歪が生じたり，相談援助の結末が思いもよらない事態に陥ったりする危険性を多分にふくむことになりやすい。つまり，個別化の原則は，人それぞれの問題であり「同じ問題は存在しない」とするスタンスを採用している。具体的にいえば，同じ癌(がん)の病気であったとしても，ステージごとに痛み具合や相談者の病気に関する受け取り方は異なるということである。

　2）来談者の悩みや痛みを相談者である保育士は受け止める（受容の原則）

　来談者が示す言動は，彼らのこれまでの負の人生経験が藁(わら)をもつかみたい心情のなかから悲鳴のように押し出されてくるものである。また，彼らが潜(くぐ)りぬけてきた過去の苦い経験から自然と創出された「叫び」に近い状態である。これらの理由から，保育士は子どもや保護者の言動を柔らかく受け止める工夫を行い，なぜそのような言動に至っているのかを理解するように努める必要がある。ただし，相談者が誤解してならないのは，バイステックが人間性を尊重することを前提としており，彼らが受けとめる対象は生じている現実そのものであり，道徳や社会規範，法律などに背いたことを安易に受け入れることを決して望んではいないということである。

3）来談者である子どもや保護者の感情表現を大切にする
　　（意図的な感情の表出の原則）

　来談者はさまざまな心身の負担感によって抑圧されている。したがって，負の感情や意志をもちやすいことから言動や感情表現を束縛されている事態にある。彼らのこれらの負の感情やひとりよがりの感情などを気軽に表出させることによって，心の縛りを取り払い，そして，自らを身動きできない状況におかせている外的，あるいは内的心理状況から解放しやすくすることを目的としている。そのために，相談者は来談者の心をたおやかにする工夫を行う。

4）相談者である保育士は自分の感情を自覚して吟味する
　　（統制された情緒的関与の原則）

　相談者が来談者と援助関係を形成する際には，彼らの感情や生じている問題，あるいは心のゆらぎに巻き込まれないように，心理的な距離を意図的におき，客観的に相互の援助関係の状況や現在生じている事態を第三者の視点からみることができるように気を配る必要がある。そして，保育士自身の内面で生じている感情や意識を適切に自覚することは欠かせない。

5）保育士である相談者は来談者である子どもや保護者を一方的に非難しない
　　（非審判的態度の原則）

　相談者は来談者のアシスタントであり，実際は生活上や仕事上，あるいは社会生活上の問題や課題に対して，彼ら自身が自ら直面している問題や課題を解決したり緩和したりすることが主な役割である。そのために，来談者に生じている問題や課題についての善悪の判断を行うことさえも，相談者ではなく，主体者である彼ら自身が行うことが相談援助においては基本とされている。

6）相談者は来談者である子どもや保護者の自己決定を促し尊重する
　　（利用者の自己決定の原則）

　相談援助においては関係の主体者である。これはたとえ来談者がいかなる状況におかれていたとしても何ら変わりはない。この原則のなかには，自らの行動や思考を決定する主体者は来談者であるとする考え方が内包されている。この原則は相談者が来談者への命令的指示を否定している。

7）来談者である子どもや保護者の秘密を相談者である保育士は保持して信頼感を醸成する（秘密保持の原則）

相談援助を行う際に，相談者が来談者と援助関係を形成し，これらの関係性のなかで知り得た来談者に関する個人情報やプライバシー，あるいは他者に周知されたくない事態などについては決して他言してはならないことを戒めている。この原則は，周囲に来談者の多様な個人情報が流出した際に，これらの情報がへたに使われると，彼らの日常生活に不利な事態が生じることを回避することを目的としている。

第7節　相談援助の技術

相談援助技術として活用されている技術体系は以下の表8－1のとおりである。

しかし，保育士は保育所においても福祉施設においても，すべての援助技術を活用することはほとんどない。そのために，ここでは保育士が実際活用する機会の多い相談援助に注目して，直接援助技術の，①個別援助（ソーシャルワーク），②集団援助技術（グループワーク），また間接援助技術の①地域福祉援助技術（コミュニティワーク）がある。ここでは直接援助技術，間接援助技術について説明する。

（1）直接援助技術
①個別援助（ソーシャルワーク）

個別相談援助は人間とその環境の間の多様で複雑な相互作用に働きかける支援のことを意味する。この技術の目的はすべての人びとが，彼らのもつ可能性を十分に発展させ，かつその日常生活を豊かなものにし，個人や家族の機能不全を防ぐことができるようにすることである。

②集団援助技術（グループワーク）

集団援助技術とは個人や集団が抱える問題や課題の解決・緩和を目標として，

表8-1　相談援助技術の技術体系

直接援助技術	個別援助技術（ソーシャル・ケースワーク）
	集団援助技術（ソーシャル・グループワーク）
間接援助技術	地域福祉援助技術（コミュニティワーク）
	社会福祉調査法（ソーシャルワーク・リサーチ）
	社会福祉計画（ソーシャルウェルフェア・プランニング）
	社会福祉運営管理（ソーシャルウェルフェア・プランニング）
	社会活動法（ソーシャル・アクション）
関連援助技術	カンファレンス
	スーパービジョン
	カウンセリング
	コンサルテーション
	ケアマネジメント
	チームアプローチ
	ネットワーク

出所：坂本道子「社会福祉援助技術の体系」一番ケ瀬康子監修／坂本道子・円野眞紀子編著『社会福祉援助技術論』建帛社，2007年，10頁。

集団活動を通じて，相互作用を活用し，効果的に援助する社会福祉実践の一方法である。

（2）間接援助技術

地域福祉援助技術（コミュニティワーク）

地域福祉援助技術とは，地域住民や企業や商店がその地域生活上に生ずるさまざまな問題や課題に注目して主体的・組織的に取り組むとともに，問題や課題の解決・緩和に向けて必要な資源の調達や開発の促進を図ることを援助する社会福祉の方法を意味している。

第8節　相談援助の展開過程と実際

ここでは保育士が保育所や施設でもっとも活用すると思われる個別援助技術

の展開過程について事例を用いて紹介する。相談援助の展開過程は，おおよそ，①インテーク（受理面接），②アセスメント（情報収集と分析），③プランニング（個別援助計画の立案・作成），④インターベンション（介入），⑤モニタリング（経過観察），⑥エバリュエーション（再アセスメント，事後評価），⑦ターミネーション（相談の終結）の流れのなかで遂行される。

（1）事例：わが子のいじめを心配する母親からの相談
1）インテーク（受理面接）

--- ステージ1 ---
　裕子さん（34歳，仮名）はA保育所へ通う息子の雄太君（4歳，仮名）の母親です。彼女は，雄太君が以前通所していた保育所でのいじめを受けた経験があることから，他の園児からのいじめを受けているのではないかと，現在通園しているA保育所へ通い始めた（2か月前）頃から心配しています。それで，何度か担当の保育士である美穂先生（保育士経験5年：仮名）に相談をもちかけようと試みました。しかし，送迎時は保育所の先生方が多忙で，なかなか相談する機会に恵まれませんでした。それで，これ以上心配が高じてしまうのは，雄太君のためにも良くないと考えて，メモを書き，手わたすことにしました。メモに，「美穂先生，雄太の保育所生活のことで心配していることがありますので，相談する時間を割いていただけないでしょうか。お願いします」と書き，保育所へ雄太君を送って行く際に，さりげなく美穂先生にわたしました。
　出所：筆者作成。

　美穂先生は，メモに目をとおし，勤務が終えた後に園長に相談して，自宅へ電話を入れることにした。そして，母親の裕子さんが雄太君について心配している内容について話を聞いた。電話での会話の内容は以下のとおりであった。

--- ステージ2 ---
　美穂先生は，「お母さん，雄太君のことで何かご心配のようですね。遠慮なくお話しください」と語りかけました。すると裕子さんが，「雄太は緊張したりあわてたりすると，吃音になることがあるので，以前通っていた保育所と同じように，いじめに会っているのではないかと心配をしているのです。保育所での状況はどうなのでしょ

> うか。いじめにはあっていないでしょうか」といって，保育所での雄太君の状況について不安に思っていることを美穂先生に伝えました。
> 　美穂先生は，「たしかに，雄太君は，時折，言葉がつまります。でも周囲の子どもがいじめたりからかったりしている場面は今のところみられません。また，お友だちとの関係も良く，元気に走りまわって遊んでいます。でも，お母さんが気になされるようでしたら，今後，一層彼の様子や他の子どもとの関係を観察してみます。観察した結果はかならずご報告します。そして，その後，必要があれば相談する機会をもちましょう」と裕子さんへ伝えました。
> 　出所：筆者作成。

　美穂先生は，裕子さんとの電話の会話の内容について，翌朝の職員の打ちあわせの際に，園長や諸先生方に伝え，雄太君の様子や他の子どもたちとの関係について観察してほしい旨をお願いした。そして，1週間ほど観察期間をおいて，雄太君の保育所における状況について，情報を収集することを依頼した。1週間経過後に集められた情報は以下のとおりであった。
　①急いだり，緊張したりしている保育場面では，時折，吃音がみられる。
　②親しい友だちと自由に遊んでいるときには，吃音はほとんどみられない。
　③時折，やんちゃな友だちが雄太君の吃音のマネをしているシーンがみられるが，悪気はないので，雄太君は気にしている様子はみられない。
　④将来のことを考えたら，吃音の治療を早めに行う必要がある。
　美穂先生はこれらの情報を自分なりに整理をして，早速，裕子さんへ電話連絡し，保育所にて，現在の状況の報告と今後の対応に関する相談を行うことにした。また，相談を行う日には，園長や主任も参加することを伝え，母親の了承を得た。

　2）アセスメント（情報収集と分析）

> ── ステージ3 ──
> 　相談は所長（園長）・主任同席の下で行われました。裕子さんが緊張しないように，最初は雄太君の保育所でのたのしいエピソードを話すことから始めました。そして，

10分ほど雑談をした後に，美穂先生が進行するかたちで，裕子さんとの相談が開始されました。
　まず，過日行った保育所での雄太君の観察の結果について裕子さんへ報告しました。すると，裕子さんは，「やはりそうですか。私も子どもの頃に吃音で苦しんだ経験があり，さんざんからかわれたので心配していました」と肩を落としました。
　美穂先生は，「お母さん，そうがっかりしないでください。他の幼児への指導は全職員の力をあげて調整しますので，過剰な心配をされないでください。いじめやからかいの件は保育所の職員がかならず防ぎます。雄太君は明るい性格なのでお友だちも多いので，親しいお友だちは理解してくれていると思います。前向きに雄太君の将来のことを考えましょう。それで，今日は参考のために，いくつか質問をさせてください。雄太君の吃音に気がつかれたのは，何歳の頃からですか」と裕子さんへ問いかけました。
　裕子さんは，「吃音は当初は気にするほどではなかったのですが，主人と別れることで喧々諤々(けんけんがくがく)となり，私に対する暴力がみられるようになった1年半ほど前からひどくなってきた気がします。やはり心配でしたが，主人との関係を早く清算したいと思い，また現在のアパートへ引っ越してきてからは，私も生活費を稼ぐのに精いっぱいでしたので，雄太の件は後回しになってしまっていた気がします」と涙声で，苦しい胸のうちを語りました。美穂先生が「それでは，現在は吃音の治療はされてはいないのですね」とたずねると，裕子さんは，気落ちした表情をしながら，「はい」と答えました。加えて，「お母さんはDVに関するカウンセリングは必要ですか」とたずねると，「私は大丈夫です」と気丈に答えました。
　裕子さんからの聞き取りを終えると，美穂先生は，「お母さまと相談しなくてはならない問題は大きく分けて2つありますね。1つは生活費の問題，そして，雄太君の吃音の問題です」と彼女へ伝え，所長（園長）と主任へ参考意見を求めました。
　所長（園長）は，「まずは生活を安定させる必要がありますね。もしかすると，お父さんと会えなくなったことも誘引になっているのかもしれません。また，生活環境の変化や通う保育所が変わったこと，友だちとの別れと出会い，お母様と過ごす時間が極端に少なくなったことも雄太君にはさびしさや負担になっているのかもしれませんね」「私どもに2，3日時間をください。保育所でも検討して，今後の対応を協議します」と伝えました。そして，「最後に，これは確認ですが，次回は，福祉事務所の生活保護課と家庭子ども相談室へ美穂先生と一緒にお母さんに出向いていただくことは可能ですか」とたずねた。すると裕子さんは，「今はさまざまな方々の協力をしていただけないと親子がきびしい状況にありますので，どこへでもおうかがいします」との了解の意を示しました。
　出所：筆者作成。

裕子さんとの面談を終えたあとで，早速，職員会議が開催された。そして，裕子さん親子への支援についての意見交換が行われ，支援計画が策定された。

3）プランニング（個別援助計画の立案・作成）

対　応　（その1）

（雄太君への支援）
①各職員が目配りを欠かさないで，愛情で包んであげる。
②他の子どもからのからかいは雄太君を苦しめるので，他の園児に彼の気持ちを理解してほしいと伝え，教育の一環として指導する。
③吃音の治療については福祉事務所の家庭子ども相談室へ裕子さん親子と美穂先生が同行して相談をする。

（親子の家庭生活支援）
①裕子さんの同意を得たうえで，福祉事務所を訪問した際に，一時的に現在の収入で不足している部分を生活保護制度の利用で補えないか，福祉司と相談する。
②親子の意志を確認して，一時的に裕子さん親子の心身が落ち着くまで，母子生活支援施設の利用を検討することが可能であるか，検討してもらう。

出所：筆者作成。

この支援計画については，再度，裕子さんに保育所へきていただいて，主任と美穂先生から伝えられ，了承が得られた。また，近日中に家庭子ども相談室の訪問の予約を入れて訪問することになった。

4）インターベンション（介入）

家庭子ども相談室を訪問し，同行した美穂先生が福祉司に裕子さん親子の現状が伝えられた。そして，裕子さんが，①雄太君の吃音の治療の方法，②親子の生活の問題について相談したい旨を話し，意見交換がなされた。その結果，以下のような援助が行われることになった。そして，早速，援助が実施されることになった。

対　応　（その2）

（雄太君の吃音の治療）
①吃音の治療は容易ではないが，近隣にある児童相談所に所属している**言語聴覚士**

(ST) がいるので，定期的に通い，治療を行う。
（親子の家庭生活支援）
① 現在，市営の団地の空きがないので，生活保護制度の活用の検討を行い，制度の活用が可能となれば一時的に母子生活支援施設への入所を検討する。
② 現在，裕子さんは手に職がないので低収入となっている。この状況から脱皮するために，車の免許の取得やパソコンの学習を行うとともに，本人の希望で医療事務の資格取得を目指し，最終的には近隣の病院での専任事務職員として就職することを目標とする。
出所：筆者作成。

　家庭子ども相談室での相談が行われた日から2週間後に，雄太君親子はC母子生活支援施設へ入所し，新しい生活が始まった。雄太君の吃音の治療は週1回の割合で児童相談所に通う形態で実施されることになった。
　これらの流れのなかで支援計画を遂行し始めて，2か月が経過した。そのために，経過観察の内容と今後の方向性を再度確認するために，裕子さん，保育所，家庭児童相談室の福祉司，児童相談所の言語聴覚士が福祉事務所の相談室へ集まり，情報交換や支援の内容，あるいは方向性の確認を行った。

5）モニタリング（経過観察報告）
　母親の裕子さんへ支援計画の内容を説明し，支援を開始して2か月が経過したので，保育所，家庭児童相談室の福祉司，児童相談所の言語聴覚士が福祉事務所の家庭児童相談室へ集合し，経過観察報告を実施した。経過報告された主な内容は以下のとおりである。

対　応　（その3）
（1）雄太君の吃音の治療
　吃音の治療は児童相談所のD言語聴覚士が行っている。最初に，吃音の誘引や原因，吃音の型などに関する診断が行われ，言語聴覚療法や心理療法などが実施されている。雄太君は，治療にようやく馴染始めている。
（2）親子の家庭生活支援
　母子生活支援施設へ入所したことや生活保護を受けながら，免許や資格の取得とい

う明確な目標ができたので，裕子さんは精神的に落ち着きをみせている。母親の表情が明るくなったので，雄太君の気持ちも和らぎ始めた。また，福祉施設で勤務している保育士さんや心理療法士ともほどよい関係になりつつある。

出所：筆者作成。

6）エバリュエーション（再アセスメント，事後評価）

裕子さん親子への支援計画を推進し始めて6か月が過ぎた。また，支援効果もじょじょにみられるようになってきている。これらの理由から，介入後6か月を一つの区切りとして，状況の確認と事後評価を実施するために，裕子さん，保育所，家庭児童相談室の相談員，児童相談所の言語聴覚士が福祉事務所の相談室へ集まり，事後評価を行うことにした。事後評価の結果は以下のとおりである。

対 応（その4）

（1）雄太君の吃音の治療

保育所でのからかいは各職員の他幼児への働きかけもあり，ほとんどみられなくなっている。具体的な指導は，環境調整：「滑らかに話す」体験を増加させるような環境の調整や直接的指導：子どもに「滑らかに話す」モデルを示す（発話モデリング），課題のなかで子どもが「滑らかに話す」ように誘導する（発話誘導）を中心に行われている。加えて，父親が母親に暴力をふるっていたことが明らかになった理由から，雄太君には心の治療も必要と考えて，精神科医師によるカウンセリングを実施している。

（2）親子の家庭生活支援

裕子さんは子どもの吃音の治療がじょじょに効果を上げていることが明確になったことから，心に余裕ができつつある。現在は，母子生活支援施設の近くにある総合病院で医療事務のアシスタントをしながら，医療事務の資格取得に向けて学習に取り組んでいる。自動車の免許は2か月前に取り終えている。

出所：筆者作成。

事後評価を終えて，一定の効果がみえてきているので，当面は現在行っている支援計画を進めていくことで合意した。

7）ターミネーション（相談の終結）

相談の終結は一連の相談援助過程によって援助目標が達成され、利用者が安定した生活を送ることができると援助者グループが判断を下した状態になったときに行う。

対 応（その5）

（1）雄太君の吃音の治療
　雄太君の吃音は遺伝性のものではなく、心理的なものからくるものであることが明らかになったので、カウンセリングを受け続けるなかで、改善がみられている。ただし、長期的に支援していく必要があるので、D言語聴覚士のカウンセリングは継続する。
（2）親子の家庭生活支援
　医療事務の資格を取得し、アシスタントとして務めていた総合病院に専任事務員として就職が決まった。また、その病院にやや狭いが宿舎があるので、1年6か月を節目として、施設を退所することになった。ただし、当面は生活が安定するまで、生活保護の受給金額はわずかであるが、継続することになった。
出所：筆者作成。

相談の終結を迎えると、ひととおりの支援は終了したことになる。ただし、裕子さん親子は、まだ見守りが必要だと母子生活支援施設側が判断しているので、モニタリングを継続し、アフターケアが生じた場合は再度、**ケースカンファレンス**を行い、支援計画をつくり直して介入が行われることも視野に入れておかなければならない。

【用語解説】

自己覚知……自己覚知とは、過去に見聞きしたことやふれたことや経験したことなどから感じる、それらの事態に対する自分の評価や感じ方、反応の仕方などについて認識することである。多くの場合あいまいな状態から解放されて自由になり、自分の想いや感情に関する理解が進み、自分が歩むべき道を見出せたときに、自己理解・自己覚知が一歩前に進んだという意識にたどりつくことになる。

エンパワメント……エンパワメント（湧活）とは，来談者の強み（ストレングス）に焦点をあて，人びとに夢や希望を与え，勇気づけ，人が本来もっているすばらしい，生きる力を湧き出させることである。

言語聴覚士（ST）……言語聴覚のリハビリテーションを担当する専門家の総称である。音声機能，言語機能または聴覚に障害のある者について，その機能の維持向上を図る訓練や検査助言・指導その他の支援を行う。

ケースカンファレンス……相談援助を実施する際に，支援計画を作成したり，支援計画を進めるうえで問題が生じたりした場合などに，医師や看護師，保健師，児童福祉司，必要がある場合は家族など援助に携わる者が一同に会して行う事例検討会のことを意味している。

【振り返り問題】
1 相談援助実践の有効性についてそれぞれが考え，意見交換をしてみよう。
2 援助関係を形成するうえでの困難性についてそれぞれが考え，意見交換をしてみよう。
3 社会福祉領域におけるアウトリーチの必要性と困難性についてそれぞれが考え，意見交換をしてみよう。

〈参考文献〉
有賀美恵子・鈴木英子・多賀谷昭「不登校に関する動向と課題」『人間福祉研究』長野看護大大学紀要，第12号，2010年，43～60頁。
岩間伸之・白澤政和・福山和女編著『ソーシャルワークの理論と方法Ⅱ』ミネルヴァ書房，2010年，45～46頁。
大嶋恭二・金子恵美編著『相談援助』建帛社，2011年，18～23頁。
尾崎新『社会福祉援助技術演習』誠信書房，1992年，89～105頁。
尾崎新『ケースワークの臨床技法――「援助関係」と「逆転移」の活用』誠信書房，1994年，141～159頁。
尾崎新『対人援助技法』誠信書房，1997年，68～90頁。
尾崎新『ゆらぐことのできる力』誠信書房，1999年，291～322頁。
九州女子大学人文・社会科学編「保護者の保育ニーズとその対応に関する研究Ⅲ」『九州女子大学紀要』39(1)，2002年10月，17～30頁。
バイステック，F.P.／尾崎新・福田俊子・原田和幸訳『新訳改訂版 ケースワークの原則――

援助関係を形成する技法』誠信書房，2006年，53〜211頁。
春見静子・澁谷昌史編著『相談援助』光生館，2012年，14〜16頁。
文部科学省「少子化と教育について（中央教育審議会報告）」2000年4月1日。
横倉聡・田中利則編著『保育の今を問う相談援助』ミネルヴァ書房，2014年，46〜47頁。
若宮邦彦「保育ソーシャルワークの意義と課題」『南九州大学発達調査研究紀要』Vol. 2,
　2012年，117〜123頁。

（田中利則）

第 9 章
社会福祉を支える専門職

本章のポイント

　保育士は専門職だと思いますか？　保育士になるために学んでいるみなさんは，Yes と答える人が多いのではないでしょうか。もう一歩ふみこんで「子どもの育ちを支える専門職である」「社会福祉専門職である」と答える人もいるかもしれません。しかし，一般の人に同じ質問をすると，「保育士は専門職とはいえない」という答えが返ってくることがあります。なぜそのような認識の差があるのでしょうか。本章では，社会福祉専門職である保育士に求められている役割や，その他の社会福祉専門職の役割・業務について学びます。また連携・ネットワーキングの実際を事例やコラムから考えます。

第 1 節　社会福祉の専門職

（1）専門職とは何か

　「専門職」という言葉は，さまざまな使い方をされていてその定義は一定ではない。たとえば，企業の社員の分類として総合職・一般職と区別して専門的業務に従事する者を専門職と呼んで雇用することもあるし，厚生労働大臣が定める「専門知識等であって高度のもの」として挙げられているものをみると，「公認会計士，医師，獣医師，弁護士，一級建築士，薬剤師，歯科医師，不動産鑑定士，弁理士，技術士，社会保険労務士，税理士」といった資格と特定の教育を必要とする職業だけでなく，「大学卒で実務経験 5 年以上，短大・高専

卒で実務経験 6 年以上又は高卒で実務経験 7 年以上の農林水産業の技術者，鉱工業の技術者」などといったように勤務年数で判断するもの，特定の職業のうち年収で判断するものもふくまれており，専門職とは何かを厳密に定義することはむずかしい。

いくつかの辞典で「専門職」という用語を調べてみると，その説明は異なるが，それらの定義をみてみると「専門的知識や技能を有しているもの」であるという共通項があることがわかる。その職業や人が専門的知識や技能を有するかどうかは，教育や試験によって取得が制限される資格をもっているかどうか，その職業に就くための専門教育を受けているかなどによって判断することができるため，「専門的資格をもつもの」と説明されることもある。

コラム

専門職とは

グリーンウッド（Greenwood, E.）は，全ての専門職は，①体系的理論 systematic theory，②権威 authority，③コミュニティの認可 community sanction，④倫理要綱 ethical codes，⑤文化 culture をもっているように思われるといっています。

さらに「専門的技術の遂行には特殊な教育を必要とすること，その教育を受けている者は，そうでないものと著しく違って，より優れたサービスを提供すること，そして，充足された人間のニードは，より優れた職務遂行を正当化するのに十分な社会的重要性を持っていること」といっています。

出所：グリーンウッド，E.「専門職の属性」ワインバーガー，P. E. 編／小松源助監訳『現代アメリカの社会福祉論』ミネルヴァ書房，1978年，335頁。

（2）社会福祉の専門職とは何か

社会福祉専門職とは，辞典の共通項を用いると「社会福祉の専門的知識や技能を有し，専門的資格をもつもの」であると説明できるが，社会福祉専門職を規定する考え方はそれだけではない。社会福祉専門職とは何かを規定する方法の主なものとして，次に挙げる 3 つの考え方がある。それは，①専門職がもつべき固有の性質や特性から考える方法，②専門職が職業としてどのような発展の過程をたどってきたのかを考える方法，③専門職が実際にどのような考え

にもとづいて，いかに行動しているのかを実証的に明らかにすることによって考える方法の3つである。①の専門職がもつべき固有の性質や特性から考える方法は「属性モデル」と呼ばれ，多くの研究者がこの属性モデルを使って社会福祉専門職の概念を探求してきた。秋山智久はそれらをふまえ，社会福祉専門職の条件を，①体系的な理論，②伝達可能な技術，③公共の関心と福祉という目的，④専門職の組織化（専門職団体），⑤倫理綱領，⑥テストか学歴にもとづく社会的承認の6つに整理している。[1]

社会福祉に関する資格はその根拠により以下のように分類することができる。

1）国家資格

国家資格とは法律によってその資格が規定され，人材を知識や技術が一定の段階以上に達していることを確認したうえで，法が規定する業務に従事する人材として位置づける目的をもって付与する資格である。福祉に関する国家資格には，社会福祉士，介護福祉士，精神保健福祉士，保育士がある。また，国家資格に準ずるものとして介護支援専門員がある。[2]

2）法律による任用資格

任用資格とは，特定の職種（社会福祉主事など）につくために必要とされる資格である。任用資格を取得しても特定の職種にかならず就くことができるというものではなく，その資格名を名乗ることもできない。任用資格を取得していると，その特定の職種に就くことが可能となるものである。したがって任用・任命されて初めて効力を発揮し，公称も認められる。具体的には，社会福祉主事，児童福祉司，身体障害者福祉司，知的障害者福祉司，老人福祉指導主事などがあり，公的な福祉相談機関などに配置されていることが多い。

3）その他省令や通知を根拠とする任用資格

児童指導員，生活指導員，支援相談員，児童自立支援専門員，児童生活支援員，社会福祉施設長資格，母子相談員，家庭相談員などの相談員資格などが該当する。

第 9 章 社会福祉を支える専門職

(3) 社会福祉専門職の資格制度の成り立ち

わが国の社会福祉専門職に関する制度は，第2次世界大戦後GHQ（100頁参照）の指導のもと社会福祉に関する法律が整備されるのにあわせて整えられてきた。1947（昭和22）年にはすべての子どもの健やかな成長発達を保障するという理念を掲げた児童福祉法が制定され，同法のなかで保育所，養護施設（現：児童養護施設），精神薄弱児施設（現：知的障害児施設）などが社会福祉施設と位置づけられた。この施設で働く職員の資格などを定める児童福祉施設最低基準が1948（昭和23）年につくられ，それによって保母（現：保育士）資格，児童指導員等の資格要件が定められた。また，1950（昭和25）年には（新）生活保護法の成立にあわせて社会福祉主事の設置に関する法律が制定，社会福祉主事資格が生まれている。

本格的な社会福祉専門職制度の始まりは，1987（昭和62）年の社会福祉士及び介護福祉士法の公布であるといわれる。これにより社会福祉分野の初めての国家資格が誕生したが，より高度な資格を構築することが課題とされてきた。これに応えるために，2012（平成24）年には，認定社会福祉士認証・認定機構が設立され，分野ごとの認定社会福祉士，さらに専門性の高い認定上級社会福祉士の認証制度がつくられた。

― エピソード ―

社会福祉専門職は専門職といえるのか

社会福祉研究者である筆者の恩師（田代国次郎）が，自主的研究会に参加していた看護医療職者からぶつけられた言葉が忘れられないと回想しています。それは「社会福祉の仕事をしている人（自称，社会福祉専門職労働者）は専門書を読んでいないし，専門誌も購読していない。研究会にもさっぱり出席していないし研究レポートも発表していない。よくあれで社会福祉職専門の実践者（労働者）と言えるね。社会福祉実践者を専門職として認めるわけにはいかないし，業務独占の専門職になれそうもないね。待遇が悪いのは当然かもしれない…」というものです。

保育士会の倫理綱領においても，専門職としての責務として「私たちは，研修や自己研鑽を通して，常に自らの人間性と専門性の向上に努め，専門職としての責務を果たします」と，専門性の向上を挙げています。専門職として，子どもや利用者・職場

の仲間から学ぶことはもちろん，専門書や研修等も利用し学び続けること，成長し続けることが求められています。

出所：田代国次郎『続・社会福祉学とは何か――「平和的生存権」実現運動』本の泉社，2013年。

第2節　社会福祉専門職

（1）保育士

　保育士は，保育所において子どもの保育や，児童福祉施設で子どもの生活や発達を支え，保護者への保育に関する相談に乗り指導をする専門職である。児童福祉法においては「登録を受け，保育士の名称を用いて，専門的知識及び技術をもつて，児童の保育及び児童の保護者に対する保育に関する指導を行うことを業とするものをいう」と**名称独占資格**として定義されている。

　先にみたとおり保育士の前身である保母資格は，社会福祉に関係する資格のなかではもっとも古いものであり，当時は児童福祉法施行令で「児童福祉施設において児童の保育に従事する女子」と定められる女性しか取得することのできない資格であった。男性に保母（現：保育士）資格が認められるようになったのは1977（昭和52）年と資格制定から30年近く経過してからのことである。その後，子どもや家庭を取り巻く社会状況の変化，男女雇用機会均等法の制定をうけて1999（平成11）年にはその名称が，保母から保育士と変更される。2001（平成13）年には児童福祉法の一部改正制定により保育士資格が児童福祉法上に規定，2003（平成15）年施行によって，任用資格として児童福祉法施行令で規定されていた保育士資格が，名称独占の国家資格化され，あわせて保護者に対して保育に関する指導を行うことが業務として位置づけられた。保育士として業務を行うためには登録を行うことが義務とされ，**秘密保持**義務や**信用失墜行為の禁止**などの義務も課され，違反したときにはその登録を取り消すことが定められている。国家資格化の背景には，保育士の社会的信用にただ乗りする悪質な認可外保育施設が存在するという事態への対策，子育て支援の推進

のためにも地域社会の子育て支援業務を実施することが求められていたことがあった。

このように保育士は、子どもへの支援だけでなく、子どもの保護者への支援、さらに地域の子育て支援までを行う専門職としての役割を担っている。

保育士資格を取得する方法には、①厚生労働大臣指定の保育士養成施設に入学し、所定の単位を取得して卒業または修了し登録を行う方法、②都道府県知事が実施する保育士試験に合格し登録を行う方法の2とおりがある。

コラム

保育士の倫理綱領

全国保育士会と全国保育協議会は、2003（平成15）年に保育士資格の国家資格化を機に全国保育士会倫理綱領を採択しています。前文と8条で構成されているものですが、ここにその前文を紹介します。ここからも、保育士の使命が読み取れます。

すべての子どもは、豊かな愛情のなかで心身ともに健やかに育てられ、自ら伸びていく無限の可能性を持っています。

私たちは、子どもが現在（いま）を幸せに生活し、未来（あす）を生きる力を育てる保育の仕事に誇りと責任をもって、自らの人間性と専門性の向上に努め、一人ひとりの子どもを心から尊重し、次のことを行います。

　　私たちは、子どもの育ちを支えます。
　　私たちは、保護者の子育てを支えます。
　　私たちは、子どもと子育てにやさしい社会をつくります。

出所：全国保育士会、2014年8月29日（http://www.z-hoikushikai.com/kouryou/kouryou.htm）。

（2）社会福祉士・介護福祉士・精神保健福祉士

社会福祉士は、社会福祉に関して相談援助等を行う専門職でありソーシャルワーカーと呼ばれることもある。社会福祉の専門的知識や技術をもって生活上の問題を抱えている人びとの相談に応じ、問題解決に向けて援助する。社会福祉士及び介護福祉士法では「登録を受け、社会福祉士の名称を用いて、専門的知識及び技術をもつて、身体上若しくは精神上の障害があること又は環境上の理由により日常生活を営むのに支障がある者の福祉に関する相談に応じ、助言、

指導，福祉サービスを提供する者又は医師その他の保健医療サービスを提供する者その他の関係者との連絡及び調整その他の援助を行うことを業とする者をいう」と定義されている。

介護福祉士は，介護を行う専門職である。日常生活を送るのに支障がある人びとに対して，専門的な知識と技術にもとづいた介護を行う。また，介護を行う家族などに対して介護方法などの指導も行うこととされている。2011（平成23）年の法改正によって，2016（平成28）年1月の国家試験合格者から（それ以前の合格者は研修を受講する必要がある）医師の指示のもとで行われる一部の医療行為，たんの吸引（口腔内・鼻腔内・気管カニューレ内）や経管栄養（胃ろうまたは腸ろう，経鼻経管栄養）も行えることとなった。同法によって「登録を受け，介護福祉士の名称を用いて，専門的知識及び技術をもつて，身体上又は精神上の障害があることにより日常生活を営むのに支障がある者につき心身の状況に応じた介護（喀痰吸引その他のその者が日常生活を営むのに必要な行為であつて，医師の指示の下に行われるもの〔厚生労働省令で定めるものに限る。以下「喀痰吸引等」という。〕を含む。）を行い，並びにその者及びその介護者に対して介護に関する指導を行うこと（中略）を業とする者をいう」とされる。

先に述べたとおり社会福祉士及び介護福祉士法は，1988（昭和63）年に施行されたものであり，わが国最初の社会福祉に関する国家資格について定めた法である。国家資格制度が必要となった背景には，高齢社会の到来や家族構造の変化により多様化しさらに複雑化することが予想される福祉ニーズに対応できる福祉人材の確保と資質の向上が目指されたこと，他の先進諸国とくらべわが国の福祉専門職の養成が立ち遅れていること，台頭してきた民間シルバーサービスを健全に運営するため従事する職員の質の向上が求められたことがある。

社会福祉士，介護福祉士には，誠実義務，信用失墜行為の禁止，秘密保持義務，連携の保持，資質向上の責務が課されている。

精神保健福祉士は，精神保健福祉領域に関する相談援助を行う専門職であり，精神科ソーシャルワーカーやPSW（Psychiatric Social Worker）とも呼ばれる。精神障害のある人びとの生活問題や社会問題の解決を目指し，社会福祉学を基

礎とする専門的な知識と技術を用いて支援を行う。1997（平成9）年に施行された精神保健福祉士法では「登録を受け，精神保健福祉士の名称を用いて，精神障害者の保健及び福祉に関する専門的知識及び技術をもって，精神科病院その他の医療施設において精神障害の医療を受け，又は精神障害者の社会復帰の促進を図ることを目的とする施設を利用している者の地域相談支援（中略）の利用に関する相談その他の社会復帰に関する相談に応じ，助言，指導，日常生活への適応のために必要な訓練その他の援助を行うこと（中略）を業とする者をいう」と定義されている。

これらは3福祉士とも呼ばれる。この3資格の課題として，名称独占のみの国家資格となっており，**業務独占資格**となっていないことが挙げられる。また，現在（平成26年7月末日）の登録者数は，社会福祉士17万7,720人，介護福祉士129万2,207人，精神保健福祉士6万4,931人となっている。

（3）介護支援専門員

介護支援専門員は，介護保険制度における，ケアマネジメント業務を行う専門職である。介護保険法に規定され，居宅介護支援事業所や介護保険施設の必置資格となっている。ケアマネージャーとも呼ばれ，介護サービス計画（ケアプラン）を作成し，継続的に管理するとともに，サービス事業者との連絡調整等も行う。また，要介護・要支援認定を受けた人やその家族からの相談に乗り，必要な情報を提供することもその業務となる。市町村から委託を受けた場合には，要介護・要支援認定の際の訪問調査を行うこともできる。

介護保険法において「厚生労働省令で定める実務の経験を有する者であって，都道府県知事が厚生労働省令で定めるところにより行う試験（中略）に合格し，かつ，都道府県知事が厚生労働省令で定めるところにより行う研修（中略）の課程を修了したものは，厚生労働省令で定めるところにより，当該都道府県知事の登録を受けることができる」とされている。

(4) その他の子どもや家庭の福祉を支える主な資格

1) 児童福祉司

児童相談所におかれ、担当区域内の子どもの保護や福祉に関する保護者などからの相談に応じ、専門的な知識や技術にもとづいて、必要な調査を行ったうえでの対応方法の決定、その後の支援に対して、家族、関係機関との連絡調整を中心的に行う等によって、児童の福祉増進に努めている。近年増加する児童虐待へ対応するため、配置基準の改善等が行われているがさらなる増員が求められている。

2) 社会福祉主事

福祉事務所におかれ、社会福祉に関する法律（生活保護法、児童福祉法、母子及び父子並びに寡婦福祉法、老人福祉法、身体障害者福祉法、知的障害者福祉法）によって定められている援護・育成・更生の措置に関する事務を行う。年齢20歳以上の者であって、人格が高潔で思慮が円熟し、社会福祉の増進に熱意があるものであり、所定の条件を満たした者や社会福祉士等に任用資格があると認められている。

3) 家庭相談員

福祉事務所内に任意で設置される家庭児童相談室におかれ、児童福祉に関する業務のうち専門的技術を必要とする心身障害や不登校・発達障害・非行問題などについて子どもやその家族からの相談に応じる。

4) 母子・父子自立支援員

福祉事務所等におかれ、母子・父子家庭や寡婦の福祉に関する相談や指導を行う。その内容は母子・父子家庭のさまざまな問題、たとえば母親の就職、子どもの教育、母子福祉資金・父子福祉資金・寡婦福祉資金の貸付といった経済的支援など多岐にわたる。

5) 児童指導員

児童養護施設や障害児施設などに入所している子どもたちと生活をともにしながら自立の支援や指導教育をする。個別支援や子どもの集団への支援を行い子どもの育ちを支えるだけでなく、児童の家庭復帰をめぐっては、子どもの保

護者との面接や環境の調整も実施する。

6）家庭支援専門相談員

乳児院，児童養護施設，情緒障害児短期治療施設，児童自立支援施設におかれ，施設に入所している子どものなかでも家庭復帰が可能な子どもが，早期に家庭で生活が送れるようになることを目指し支援を行う。ファミリーソーシャルワーカーとも呼ばれる。児童相談所と密な連携をとったうえで，保護者に対して養育に関する相談に応じ指導を行い，親子関係の再構築を図ることも目指している。その他，退所後の子どもに対する継続した生活相談，里親委託促進のための業務等もある。

第3節 専門家の連携とネットワーク

社会福祉ニーズは多様化し複雑化している。子どもや家庭を取り巻く社会福祉ニーズも同様であり，このようなニーズに対応するためには，高度な専門性をもった専門職同士が連携し，互いに協力し問題解決を目指すことが求められる。この連携・協働を確保するためには，ネットワークシステムの構築が不可欠である。

福祉問題を地域で解決することが目指される現在では，専門職だけでなく，ボランティアなどの地域のインフォーマルな福祉の担い手との連携も福祉の充実を図るうえで重要な要素となっているが，ここでは子ども家庭福祉に関する専門職の連携に焦点をあてる。

― コラム ―

「連係」と「連携」

「連係」とは，互いにつながりをもつことを意味します。
「連携」とは，互いに連絡をとり協力して物事を行うことを意味します。
「連係」と「連携」は似ているようですがその内容は異なるのです。私たちが，生活課題の解決を目指して「連携」を行うときには，それは「連係」なのか，「連携」なのか，または「連絡」なのか，を考える必要があります。目指しているのは，共同

して物事を行い，ともに問題解決を目指す「連携」です。

出所：筆者作成。

表 9-1　児童福祉施設に配置される専門職一覧

施　　設	専　門　職　員
助産施設	医療法に規定する職員，助産師
乳児院	医師，看護師，栄養士，保育士，家庭支援専門相談員，心理療法担当職員
母子生活支援施設	母子支援員，心理療法担当職員，少年指導員，保育士，医師（嘱託）
保育所	保育士，医師（嘱託），調理員
児童厚生施設	児童の遊びを指導する者
児童養護施設	児童指導員，保育士，職業指導員，栄養士，医師（嘱託），心理療法担当職員，家庭支援専門相談員
福祉型障害児入所施設	医師（嘱託），児童指導員，保育士，看護師，栄養士，調理員，職業指導員，心理指導担当職員，児童発達支援管理責任者
医療型障害児入所施設	医療法に規定する病院として必要とされる職員，児童指導員，保育士，理学療法士または作業療法士，職業指導員，心理指導担当職員，児童発達支援管理責任者
福祉型児童発達支援センター	医師（嘱託），児童指導員及び保育士，栄養士，調理員，言語聴覚士，児童発達支援管理責任者，機能訓練担当職員，看護師
医療型児童発達支援センター	医療法に規定する診療所として必要とされる職員，児童指導員，保育士，看護師，理学療法士または作業療法士，児童発達支援管理責任者
情緒障害児短期治療施設	医師，心理療法担当職員，看護師，児童指導員，保育士，家庭支援専門相談員，栄養士，調理員
児童自立支援施設	自立支援専門員，児童生活支援員，家庭支援専門相談員，栄養士，調理師，心理療法担当職員
児童自立支援センター	相談・心理を担当する職員，心理療法担当職員

出所：児童福祉施設の設備及び運営に関する基準（昭和23年12月29日厚生省令第63号）より筆者作成。

（1）施設内での連携の重要性

表9-1は児童福祉施設に配置することが義務づけられている専門職の一覧である。子ども家庭の福祉を支える専門職は社会福祉専門職だけでなく，保健医療・心理・教育・栄養と幅広いものがある。連携とネットワークというと，他機関多職種との連携に注目が集まることが多い。しかし，入所施設では24時間365日休むことなく業務を行っているため多くの職員が交代制で働いている。また保育所においても，低年齢児クラスの複数担任制，長時間保育や土曜日保育が実現してきた現在では早番日勤遅番といった交代勤務が行われている。

このような状況にある子どもの生活を支える施設のなかにおいて保育士同士などの同職種の連携，保育士と栄養士・指導員などの多職種の連携が必要であることはいうまでもない。

（2）関係機関との連携

子どもは，家庭や地域のなかで生活をしているためさまざまな社会関係に取り巻かれている。専門機関や施設との関係だけを挙げても，現代の子どもの多くが医療機関によって生まれ，乳児家庭全戸訪問事業（こんにちは赤ちゃん事業）や1歳6か月児健診等では保健センターや保健師との関係をもち，ケガや病気の際は医療機関を利用する。保護者の養育環境によって保育所などの児童福祉施設を利用する子どももいる。幼稚園・小学校では教育分野と深いかかわりをもち，子どもの非行の問題では警察と，増加している両親の離婚等に際しては司法分野との関係も生じる。子どもの生活や成長にはこのように多くの専門機関や施設がかかわっている。子どもを取り巻くすべての分野の施設や機関がともに協働し支援にあたることが求められている。子ども家庭福祉に関係の深い福祉分野以外の機関として次のようなものがある。

1）家庭裁判所

家庭に関するさまざまな問題に対して，円満な解決を図る調停や，離婚などのための人事訴訟，特別養子縁組や親権の一時停止や喪失宣言，後見人の選任，子どもの監護者や親権者の指定変更など法律手続きの許可を行う審判を行う。

その他，原則として14歳以上の非行少年にかかわる保護事件の審判も担当する。触法少年（14歳未満で刑罰・法令にふれる行為をした少年），ぐ犯少年（性格または環境に照らして，将来，罪を犯し，または刑罰法令にふれる行為をするおそれのある少年）については，児童相談所との間で送致等を行う。家庭裁判所調査官が，事件の背後にある人間関係や環境に配慮し必要な調査や環境調整などの事務を行っている。

　2）医療機関

　子どもの診断・治療だけでなく，被虐待児を発見した際の通告や，障害児を福祉機関へ紹介することなども行う。

　3）学校・教育委員会

　要保護児童や被虐待児を発見した際には児童相談所に通告する。援助を遂行する際には相互に情報の交換などを行う。近年では，スクールソーシャルワーカーの配置が行われ，さらなる連携が期待される。

　4）警　察

　触法少年，ぐ犯少年の通告，被虐待児等の通告・立入調査，少年補導を行う。その他，非行防止活動などが行われる。

―事　例　1 ―

母子生活支援施設での他機関・多職種連携

　博子さん（11歳：仮名）は母子生活支援施設に母親と入所し6年になります。母親は療育手帳を保有し，生活保護を受給しています。入所当時は基本的な生活習慣が身についておらず，洋服のまま布団に入り，おねしょをしても着替えない，布団を干すこともないという不衛生な環境で生活をしていました。入所後，施設の職員が博子さんと母親への支援を行い生活環境もある程度整い，母親も落ち着いて生活が送れるようになっていきましたが，1か月前より博子さんは，突然他の子どもに暴力をふるう，うめき声をあげる，食事がとれなくなるなど精神的に不安定な様子をみせ始めました。

　施設の田中母子支援員（38歳：仮名）は，協力病院より小児精神科の紹介を受け，博子さんと受診したところ，医師より母親と離れて生活することが望ましいとの意見が示されました。田中母子支援員は，博子さんや母親のしあわせを守るためにはどのような支援が必要なのかを，他機関の多職種と連携を取りながら検討を始めました。

注：いくつかの事例を組みあわせ限定されないよう加工した。
出所：筆者作成。

第4節　専門職としての保育士の役割と課題

　保育士は子どもの成長や発達を支える業務だけでなく，子どもの保護者への支援，さらに地域の子育て支援までを行うという専門職としての役割を担っている。網野武博は，子ども家庭福祉の専門性の特徴を「第一に『子ども』そのものの特徴を十分に踏まえた専門性が求められる」こと，また「児童福祉における対象者は子どものみでなくその養育に当たる保護者・家族が大きく関わる」ことであるとしている。子どもそのものに関する専門的な知識や技術をもち，保護者や家族，さらには地域社会などのすべての環境のなかで子どもをとらえる視点をもち，子どもの最善の利益を獲得することが保育士の重要な役割である。

事　例　2

児童養護施設における，子ども個人への支援と集団への支援

　博行君（5歳：仮名）は，母親の虐待を理由に児童養護施設に入所してきました。母親は，オムツを取り換えない，食事を与えないなど育児放棄や，博行君が3歳になる頃には，いうことをきかない，口の利き方が悪いといって折檻をしたり，季節を問わずベランダに締め出すといったことが繰り返されていました。保健師による訪問指導は受けていたものの状況が改善されることはなく，折檻による骨折を治療した医師が体中のアザや傷を不審に思い児童相談所に通告，施設入所となりました。

　博行君の担当になったのは，入職3年目の山田保育士（23歳：仮名）です。山田保育士は小学校低学年の6名のグループを担当しており博行君もそのグループへ加わることとなりました。山田保育士は，入所当初施設で決定した支援の方針である「施設で安心して生活できるようにする」，「大人への信頼感をもてるようにする」ことを目指し，可能な限り博行君との時間をとってふれあい，話を聞くなど愛情をそそぎました。博行君は入所半年を経過するころには，すっかり表情も明るくなり，山田保育士に懐き勤務中はつねに後を追うようになっていました。山田保育士は，博行君とのよ

い関係が築けたと思い満足していました。

　しかし，会議で他の保育士から，山田保育士と博行君との密な関係はグループの他の子どもが入り込めない雰囲気をつくっており，疎外感をもったグループの子どもたちは，隣のグループの保育士を頼ってきています。施設の方針と思い協力してきましたが，負担が大きくなっているので改善してほしいとの意見が出されました。他の保育士からも，山田保育士が仕事を休んでいるときは，博行君は部屋に閉じこもっており，他の職員や他の子どもとのかかわりがもてていないことも報告されました。

　　出所：現場職員へのインタビューをもとに筆者作成。

　専門職としての保育士が抱えている課題をここでは2つ挙げる。1つ目の課題は，人材の確保の困難さである。「福祉は人なり」といわれ，優秀な人材を確保することが子どもの福祉を守る重要な要素である。しかし，規制緩和によるパート保育士の増大など，賃金・待遇といった労働環境がさらに悪化していることも背景に，保育士が不足する状況が続いている。厚生労働省は福祉人材の確保については「社会福祉事業に従事する者の確保を図るための措置に関する基本的な指針」を，保育所の保育士に対しては，「保育を支える保育士の確保に向けた総合的取組」を行っている。

--- エピソード ---

保育士が足りない

・待機児童数が自治体別でワースト2位（2013年4月1日現在）となっている福岡市のとある保育園には，使われていない教室があります。最低基準を満たす保育士数を確保できないため，子どもを受け入れず空き部屋になっているといいます。
　　出所：2013年10月29日付『朝日新聞』記事より抜粋，筆者一部改変。

・市認定の保育ルームで，保育士が子どもの口に無理やり食事を押し込むという事件がありました。この園の園長は，保育士の行為が不適切なものであることは理解していましたが，注意をして退職されてしまうと困ると思い指導ができなかったと話しています。
　　出所：2014年8月21日付『読売新聞』記事より抜粋，筆者一部改変。

　2つ目の課題は，専門性のさらなる向上である。子どもや家庭を取り巻く環

境は，少子化・核家族化・都市化の進行による家族の形の変化や，地域社会の変容による人とのかかわりの希薄化が生じている状況である。これらにともない子どもの生活や遊びも変化し，直接経験の不足や子ども同士のかかわりが減少している。また，親の子育てへの不安感や負担感の増大，養育力の低下による児童虐待等の養育上の問題の増加，長期にわたる不景気や格差社会に反映される子どもの貧困化など多くの複雑な課題を抱えている。このような複雑で多岐にわたる問題に対応し，早期に発見・解決を目指し，子どもや家庭の最善の利益を守るためには，高い専門性が求められる。専門性の向上は社会的地位の向上につながり労働環境の改善や賃金の上昇と関連する。保育士の専門性を高めるための養成教育のあり方の検討，キャリアアップ教育の充実などが求められている。

【用語解説】

名称独占資格……資格がなくてもその業務を行うことができるが，その資格名称を名のることは資格保持者にしか認められない資格（社会福祉士，介護福祉士，精神保健福祉士，保育士など）。

秘密保持……その業務を行うなかで知った情報を，正当な理由なく漏らしてはいけないとされること。その職を退いたあとも，情報を漏らすことは認められない。

信用失墜行為の禁止……自身のもつ資格に対する信用を失うような行為をしてはならない。

業務独占資格……資格がないとその業務を行うことができない資格。資格がない状態でその業務を行うと罰せられることもある（医師・看護師・薬剤師・弁護士など）。

【振り返り問題】

1 保育士の専門性とは何かを考えてみよう（グループで話しあってみてもよい）。
2 母子生活支援施設の事例を読んで，あなたが田中母子支援員の立場だとし

たら,どのような専門機関や専門職と連携をとるだろうか。また,どのような方向での支援を考えるだろうか。
3　児童養護施設の事例を読んで,山田保育士に欠けていた視点はどのような視点だと思うか？　博行君やグループの子どもたちにどのような働きかけをすることが必要だろうか？

〈引用文献〉
(1)　秋山智久『社会福祉専門職の研究』ミネルヴァ書房,2007年,89頁。
(2)　日本社会福祉学会辞典編集委員会編『社会福祉学辞典』丸善出版,2014年,706頁。
(3)　網野武博『児童福祉学〈子ども主体〉への学際的アプローチ』中央法規出版,2002年,207頁。

〈参考文献〉
浅井春夫編著『子ども家庭福祉』建帛社,2011年。
岩田正美監修／山縣文治編著『リーディングス日本の社会福祉8　子ども家庭福祉』日本図書センター,2010年。
柏女霊峰『子ども家庭福祉論　第3版』誠信書房,2013年。
日本社会福祉士会・日本医用社会事業協会編『改訂　保健医療ソーシャルワーク実践』中央法規出版,2009年。
宮田和明他編『社会福祉専門職論』中央法規出版,2007年。

(橋本理子)

第10章
権利擁護と自立支援

本章のポイント

　保育士になろうとしたきっかけとして,「子どもがかわいいから」という人もたくさんいると思います。それはすごく大切なことだと思います。また,保育士として,子どもにかかわっていくとさまざまな子どもとの出会いもあると思います。そのなかには多動な子,障害のある子,虐待を受けている子など挙げればきりがありません。

　そのような子どもにかかわるとき,保育士として2つのワザを身につける必要があると思います。1つは手遊び,絵本の読み聞かせなどの保育技術としての「技」,2つ目はその保育技術を支えている子ども観,人間観などの「業」です。

　本章では,保育士にとって必要な2つ目の「業」を視点として,権利擁護と自立支援について学びます。

第1節　権利擁護とは

　権利擁護とは,自分の本来所持している権利が表明できにくい状況にあるときに,第三者がその人の気持ちを代弁,もしくは表明しやすくなるように支援することを意味する。特に子どもの場合,この権利擁護によって,生き生きとした行動をとることができるようになる。

　ここでは,その権利擁護を推し進める際,専門家などがその方に代わって代弁や政策提言などを行うアドボカシー(advocacy)や,本人がもっている生き

る力などを湧き出させるエンパワメント（Empowerment）についての理解を深めていく。

エピソード

夢にかけて必死なんです

　みなさんは，2009（平成21）年8月に公開された『8月のシンフォニー――渋谷2002〜2003』という，アニメーション物語をごぞんじですか。この物語は川嶋あいさんの自伝『最後の言葉』を原作とするものです。歌手になりたいという希望をもった少女が母親との約束のもと，渋谷で1,000回の路上ライブを行うことを決心します。その経過のなかで，母親の死，学校から制服姿で路上ライブをしていることが原因で高校を中退せざるを得ないことがありました。しかし，そのつど少女の歌手になりたいというひたむきさに心うたれた支援者たちが，少女の気持ちを代弁し，行動を支えました。その結果，少女は夢にみた渋谷公会堂でのライブを行うことができたという物語です。

　この物語で，学校側と少女，またその代弁者としての支援者とのやりとりのなかにアドボカシーを感じさせられる場面があります。それは，ルールをもとに路上ライブを止めさせようとする学校側に対して支援者から「わかりました。あの子は生きるために，夢にかけて必死なんです。日本の学校って，教育ってそんなもんなんですか。人間の大切な部分をみようとしない。あいは，こちらからやめさせていただきます」との発言です。

　当然，支援者は少女のひたむきな活動と気持ちを理解したうえでの発言です。私たちは，権威や権力の前ではどうしても自分の気持ちを伝えることがむずかしくなります。これは，場面に登場する少女だけでなく，すべての人にもあてはまることです。たとえば，点字ブロックのうえに自転車が放置されていても，「こんなところに自転車を放置して」とは利用している視覚障害者の方はなかなかいえないものです。

　少女の支援者がいった「あの子は生きるために，夢にかけて必死なんです」という言葉は，落ちこんでいた少女の救いになった「アドボカシー」であったと思います。

出所：ワオ・コーポレーション『8月のシンフォニー――渋谷2002〜2003』2009年，から引用。

　すべての人は生まれながらに，安心で安定した環境のなかで自分のもてる力を最大限に発揮する権利をもっている。しかしそれができなくなることがある。このエピソードでいえば，あいは学校のルールに反する路上ライブをし，退学を宣告されたことで落ち込み，力が発揮できない状況になった。そのようなと

き，支援者があいの気持ちを代弁し，もしくは制度（成年後見制度）などを活用して生きることのつまずきにその人とともに立ち向かい，もてる力を最大限に発揮できるように支援することが必要になる。

（1）権利とは何か

権利という言葉は，1946（昭和21）年に公布された日本国憲法に位置づけられている。憲法第11条（基本的人権の享有）では，「国民は，すべての基本的人権の享有を妨げられない。この憲法が国民に保障する基本的人権は，侵すことのできない永久の権利として，現在及び将来の国民に与へられる」と規定されている。この享有を国語辞典でひくと，「権利・能力を，生まれながらにもっていること」と書かれている。

引き続き1948（昭和23）年の第3回国際連合総会にて採択された「世界人権宣言」の第1条で「すべての人間は，生れながらにして自由であり，かつ，尊厳と権利とについて平等である。人間は，理性と良心とを授けられており，互いに同胞の精神をもつて行動しなければならない」と規定されている。

これらのことから権利としての基本的人権は，この世に誕生したすべての人が平等にもっているものといえる。

（2）アドボカシー

アドボカシー（advocacy）とは，エンパワメント実践を進める際の援助方法である。本来もっている力が，さまざまな社会的制約により発揮できない状況にあるとき，自分の権利を自分で守ることができるようになるために第三者が，「代弁」し，ともに行動していくことを意味している。

エピソードの「夢にかけて必死なんです」のなかで，支援者がみせた学校側に対しての意見が，川嶋あいの気持ちを代弁していると考えられる。学校と学生という立場の違うなかで，弱い立場にある学生から意見をいい出すことはなかなかできないことである。第三者である支援者からの意見はアドボカシーにあたると考えられる。そのためには，第三者である支援を行う者は，対象であ

る人の状況や気持ちを正確に理解していることが重要である。

（3）エンパワメント

エンパワメント（Empowerment）は，権利擁護を推し進める際の考え方である。それは，em（～の状態にする）＋powerment（力）という言葉から成り立っている。直訳すると，その人を「力みなぎる状態にする」という意味になる。つまり，その人が新たに力をつけるという意味ではなく，人間だれしも生まれながらにもっている力が，外側からの不適切な負荷により萎縮し発揮できない様態にあるときに，その力を復活させるということである。エンパワメントの根底にあるのは，能力や権限は訓練や指導によってあとから付加されるものではなく，本人が本来もっているもので，それが社会的制約によって発揮されなかったという視点に立つものである。[1]

「人と人」や「人と機関」とのかかわりのなかで，自分の気持ちを受け止めてもらえない，権力によるいやがらせ（無視，拒否，暴言など）により，人は無気力状態もしくは身動きのとれない状態に陥ることがある。そのようなとき，同じ境遇の仲間同士で話しあう，気持ちを受け止めてもらう，もしくは支援者に話を聴いてもらい，受容されそして社会資源等の整備をすることなどで本来もっている力を発動できる状態にすることを意味する。

第2節　権利擁護と児童福祉施設

本節では児童福祉施設に生活する子どもの権利擁護と大人の権利擁護としての成年後見制度について学ぶ。

（1）権利擁護と児童福祉施設

児童福祉法第2条では，「国及び地方公共団体は，児童の保護者とともに，児童を心身ともに健やかに育成する責任を負う」と規定されている。このことは養育の責任は一義的に保護者にあることを示している。しかし，その保護者

が養育できないときには,国もしくは地方公共団体が保護者に代わって養育することになっている。

このような社会的養護を必要とする子どものなかには,適切な養育がなされなかった子どもがいる。そういう子どもたちに対して児童福祉施設の職員は,本来家庭で提供されるはずのかかわりを施設生活のなかで丁寧に取り組み直しをすることになる。そのときの職員の行動の基本となるのが,子どもの権利を尊重することである。

現在では各都道府県で「子どもの権利ノート」(都道府県で異なる名称を使用しているところもある)が作成されている。そこには当面の施設生活のこと,自分の意見がいえること,卒業後のこと,そして困ったことへの対処などが書かれている。その権利ノートが施設入所前に子どもに手わたされ,施設生活での不安を取りのぞくとともに,一人ひとりがかけがえのない大切な存在であることを説明されている。

コラム

千葉県の子どもの権利ノート「施設生活の手引き」から
──施設で暮らすってどんなこと──

⑦こまったときは……
　きみが,こまったことや,悩みがあれば施設の職員に話してみよう。すぐに相談にのってくれるよ。それに,きみが勉強したいときや何か知りたいときには,施設の職員に聞くこともできるよ。

出所:千葉県運営適正化委員会編「施設生活の手引き」2006年,7頁を筆者一部改変。

また,このような子どもの権利が説明されているにもかかわらず,エピソードのように施設生活のなかで子どもが困ったことに直面することがある。そのようなときには社会福祉法第82条に「社会福祉事業の経営者は,常に,その提供する福祉サービスについて,利用者等からの苦情の適切な解決に努めなければならない」と規定されているように苦情解決の仕組みがある。

―― エピソード ――

不適切な支援1
――どこに相談したらいいの――

　真一君（小学5年：仮名）の寮に，園長の息子の伸彦先生（28歳：仮名）が，寮担当の先生になりました。
　僕は何もしていないのに，伸彦先生は毎日のように僕にプロレス技（四の字固めなど）をかけ，僕が痛がるのを楽しんでいるようでした。僕は「そのつど，やめて，やめて」といいましたが，やめてくれません。
　痛さ，怖さから園長に相談しましたが，「伸彦先生はそんなことするはずがない」と聞いてくれません。
　真一君は，伸彦先生のことをだれに相談したらいいのかわからずただ悩むだけだった。
　　出所：児童養護施設で起きたことをもとに筆者作成。

　このエピソードの真一君は，寮担当の先生のことを園長に相談したが，取りあってくれなかった。そこで真一君は，この施設に入所する前に，児童相談所の担当者から権利ノートをわたされたことを思い出し，目次を見たところ「⑭誰に相談すればいいの……」と書いてあった。

―― コラム ――

千葉県の子どもの権利ノート「施設生活の手引き」から
――施設で暮らすってどんなこと――

⑭だれに相談すればいいの……
　きみがこまったときには，何でも施設の職員に相談してみよう。それから，児童相談所にいる担当者の職員も話を聞いてくれるよ。
　そのほかにも新しく相談できるところができたんだよ。そこでもきみの話を聞いてくれるんだよ。
【新しく相談できるようになったところ】
　○施設の第三者委員という人
　○福祉サービス利用者サポートセンター
　　（千葉県運営適正化委員会）の人
　たくさんの人がきみのことを見守っているんだよ。だからきみの思っていることを

話してみようね。
　出所：千葉県運営適正化委員会編「施設生活の手引き」2006年，14頁を筆者一部改変。

　そこで，真一君は，運営適正化委員会に電話をし，園長に話した内容を相談したところ，後日施設に運営適正化委員会の方が来園し，真一君をはじめ，職員の聞きとり調査が行われ，その後，子どもの支援が適切に行われるよう施設への指導がなされた。

　このように，子どもの権利として施設職員が真剣に取り上げてくれるよう苦情として直接，運営適正化委員会に申し出ることができる仕組みとなっている。子どもの権利ノートには切手不要で直接，子どもの権利を守る活動をしている団体に配送されるハガキや相談連絡先が明記されている。

　さらに，社会福祉施設等において第三者評価というものが2004（平成16）年より実施されているが，2012（平成24）年度より社会的養護関係施設（児童養護施設，乳児院，情緒障害児短期治療施設，母子生活支援施設，自立援助ホーム，ファミリーホーム）が3年に1度，第三者評価を受けることが義務づけられた。

　権利擁護を必要としている人には，子どもの他にも認知症，知的障害そして精神障害等の人がいる。それらの方が，福祉サービスなどを利用する際に事業者と契約を行うが，保護者等その方に代わって契約を行うことができない場合に利用する成年後見制度がある。成年後見人は法的に権限を与えられた者である。

　この成年後見制度には，十分に判断能力があるうちに，将来判断能力がなくなる状態に陥る場合を想定し自らが選んだ代理人をつける任意後見制度と，法定後見制度の2種類がある。

　法定後見制度には，成年後見人，保佐人，補助人の3つの種類があり，本人の判断能力の程度により家庭裁判所により選ばれる。

―― コラム ――

成年後見, 保佐そして補助の概要

成年後見
本人がひとりで行った行為は取り消せるとともに, 成年後見人が本人を全面的に代理します。ただし, 本人を保護しつつも自己決定を尊重するために「日用品の購入その他日常生活に関する行為」は取消権の対象となりません。

保　佐
判断能力に著しい障害がある人を対象にするもので, 保佐人は本人がしようとすることに同意したり（同意権）, 同意なく行われた行為を取り消したり（取消権）することで本人を援助していきます。

補　助
判断能力に軽い障害がある人を対象にするもので, 本人の「自己決定」を尊重し, 援助して欲しい内容を選択できるのが特徴です。

出所：東京都社会福祉協議会『成年後見制度とは……』2010年, 6頁, 8頁, 10頁から引用。

（2）権利侵害と児童福祉施設

　施設職員は, 利用者の権利擁護を基本に日々支援を行っている。しかし良かれと思って行っていることが利用者への重大な権利侵害になっていることもある。この権利侵害が日常化したものが, 虐待であり, ひとつまちがうと子どもに大きな傷を負わせてしまうことにもなる。

―― エピソード ――

不適切な支援2
―― 園長の不適切な発言 ――

　児童養護施設に入所している健太君（小学4年：仮名）は, 学校ではやっていたプロミスリングを足首につけてご満悦でした。しかし, 園長は長くつけていることは不衛生と思って, 健太君に「汚いから取りなさい」といいました。しかし, 健太君はそのことに聞く耳をもちませんでした。
　そこで園長, 健太君をはじめとして入所している子どもたちを食堂に集めました。そして健太君をテーブルに寝かせ, 「そんな汚いものをつけている足は, 切った方がいい」と足を切るしぐさをしました。

> 注：児童養護施設のうちで，このような不適切な支援がつねに行われているということではありません。しかし，平成24年度の全国の被措置児童等虐待の届出・通告受理件数は214件で，平成24年度に虐待の有無に係る事実確認が行われた事例（平成23年度以前の繰り越し事例をふくむ）のうち，都道府県市において虐待の事実が認められた件数は71件になっています。
> 出所：児童養護施設職員の話から筆者作成。

　1997（平成9）年に千葉県の児童養護施設で起こった施設内虐待を受けて，「児童養護施設，情緒障害児短期治療施設及び児童自立支援施設における入所児童の処遇に当たっては，個々の児童の態様に応じた適切な処遇が図られることが重要である。近年，施設における体罰事件が後を絶たない状況については，誠に遺憾であり，貴管下の施設について，改めて児童処遇の全般的状況の掌握に努められたい。（後略）」という児童家庭局の通知が出され，徹底が図られた。

　しかしその2年後の1999（平成11）年に神奈川県の児童養護施設において職員の入所児童への虐待等があり，同年10月22日に「児童養護施設等に対する児童の権利擁護に関する指導の徹底について」という厚生（現：厚生労働）省児童家庭局児童家庭福祉課長通知が出された。

　このような権利侵害に対して，「児童虐待の防止等に関する法律」（2000〔平成12〕年5月24日），「障害者虐待の防止，障害者の養護者に対する支援等に関する法律」（2011〔平成23〕年6月17日）そして「高齢者虐待の防止，高齢者の養護者に対する支援等に関する法律」（2011〔平成23〕年6月24日）が施行されている。

　さらに，2009（平成21）年6月に厚生労働省は「被措置児童等虐待対応ガイドラインについて」を各都道府県などに通知した。このなかで「被措置児童等虐待予防のための取組例」として，次のことを挙げている。

・研修を通じた子どもの権利についての施設職員等の意識向上
・「子どもの権利ノート」の作成，配布
・被措置児童等虐待について説明するための「しおり」などの作成，施設に入所等している子どもの保護者や子どもへの説明，配布
・被措置児童等を対象とした「子どもの権利ノート」を活用することなどによる子どもの権利についての学習会の開催（年齢に応じた理解・周知の反復）

- 「子どもの権利ノート」に関するポスター掲示
- 「子どもの自治会」等の開催を通じた被措置児童等による主体的な取り組みや，「意見箱」の設置など，子どもの意見を汲み取る仕組みづくり
- 困難事例への対応についてのケースカンファレンスの開催，専門家によるスーパービジョン等施設職員の資質向上のための取り組み
- 児童相談所による定期訪問調査，その際の被措置児童等との面接
- ケアの孤立化・密室化の防止（複数体制の確保）
- 職員のメンタルヘルスに対する配慮
- 法人・施設や団体で定める倫理綱領，行動規範などについて，保護者や子どもに説明するなどである。

　これらの権利擁護を必要とする人への法律内容を理解するとともに，人を支援する仕事に就く人は，生きる権利とはどういうものかをしっかりと身に沁みこませる必要がある。

第3節　自立支援

　前節までは権利擁護等について学んできた。本節ではその権利擁護への取り組みに立った自立支援について学ぶ。

（1）自立とは

　自立とは何かの質問に，多くの人は次のように答えると思う。「他のものに依存しない状況（自分だけの力で行動または生活する）である」と。
　この自立について，筆者の所属校学生58人にアンケートを行った。質問は，「自立するとはどのようなことですか」というもので，回答内容を「自分一人でできること」「できないことは助けてもらう」「わからない」の3項目とした。その結果，「自分一人でできること」41名，「できないことは助けてもらう」9名，そして「わからない」8名であった。このアンケートに回答した41名の学生は，自分のことは自分でできることが，自立と考えていることを示している。

第10章 権利擁護と自立支援

しかし，障害や加齢等のため，どんなに努力しても自分一人でできないこともある。一人でできることのみを自立と位置づけると，その範疇の外にいる人は自立できないダメな人と烙印を押されることになる。

また，保育所保育指針の第2章子ども発達の（8）おおむね6歳の箇所に「身近な大人に甘え，気持ちを休めることもあるが，様々な経験を通して自立心が一層高まっていく(3)」と書かれている。この自立心に対して，保育所保育指針ハンドブックでは「自立心とは，なんでも頼らずに一人でやることではなく，保育士等の支えをもとに，自分でやろうとする力や気持ちのこと(4)」と解説しているが，文中の「頼らずに一人でやることではなく」という記載は，「一人でできること」へ至る過程で必要なこととしての意味あいのものである。

社会福祉辞典では，「自立とは，多義的な概念である。従来は，とりわけ『経済的自立』『職業的自立』『身辺自立』のみが強調されてきた。そのため，この意味における自立が困難とされた重度障害者は，受動的立場におかれ，保護的な生活を強いられた(5)」と説明している。

このように一人でできることに重点をおきすぎると，それができない人（できなくなってしまった人）は，施設入所などの保護対象とならざるを得なくなってしまう。その結果，在宅福祉サービスを利用するというより施設生活でのサービスを利用したいという依存ニーズが高くなる。

それに対して，社会的養護を必要としている子どもにとって「（省略）自立とは孤立ではなく，必要な場合に他者や社会に援助を求めることは自立の不可欠の要素であるから，依存を排除しているものではない。むしろ発達期における十分な依存体験によって育まれた他者と自己への基本的信頼感は，社会に巣立っていくための基盤となるものである(6)」と説明している。このことは，安定した生活環境のなかでたっぷり愛情を注がれて養育された子どもは，自分も他者も価値ある存在（自尊感情）として自分を位置づけるようになり，一人での対処が困難なときにまわりの人に援助を求めることができる。そうすることも自立の一つであることを示唆している。

また，2010（平成22）年に成立した「障害者自立支援法」第1条の目的では，

「この法律は，（中略）障害者及び障害児が自立した日常生活又は社会生活ができるよう（後略）」と規定されていた。それが2012（平成24）年に改正された「障害者の日常生活及び社会生活を総合的に支援するための法律」（以下，「障害者総合支援法」と記す）では，この「自立した」箇所が「基本的人権を享有する個人としての尊厳にふさわしい」という文言におきかえられた。

この障害者総合支援法においては，自立することは自分一人でできることのほか，生まれながら所持している権利として「自分の意思であたりまえの生活を選ぶことができる」こともふくまれていることを意味している。つまり在宅で福祉サービス（ホームヘルプ，行動援護，同行援護など）を利用して生活している人も「自立した生活」としてとらえることを示している。そういう意味で，障害者総合支援法の目的では，障害や老若男女に関係なく，個人の意思が尊重され，ともに支えあって社会生活をすることが自立であるといっている。

これらのことから自立というのは，「自分一人でできること」と「できないときは自分の意思で他者にたよること」のどちらか一方を取捨するのではなく，この2つは相補的関係にあると考えることが妥当であると思われる。

（2）自立生活運動（IL運動）

自立生活運動（Independent Living Movement）は，アメリカで1960年代後半に重度の障害者が大学に入学し，その学生生活を保障しようとすることをきっかけに生まれた。障害があることで，その生活の主体を専門家（医師，看護師，施設職員，介助者など）に全面的に委ねるのでなく，自分の意思で行動を選択し，生活しようとするものである。[7]

もちろんこの考え方は重度の知的障害などの場合においても，自分の意思や行動選択ができるように支援者が支援していくことが求められる。しかし，そのことが困難な知的障害の人もいる。そのようなときは，支援者の感性や信頼関係のもとで，障害のある人の意向を汲み取り，それを言葉にしてわかりやすく伝えて支援していくことが必要となる。

東京の世田谷区に在住の遠藤滋さんの生活を撮った『えんとこ』というド

キュメンタリーがある。遠藤さんは脳性マヒという障害がありながらも東京都で初めて教員として採用された人である。しかしながら障害の進行により身辺処理面も全介助になり，ベッドに寝た切りの状態になってしまった。そのドキュメンタリーのなかで，遠藤さんは活用できるものは何でも使い，そして複数の介助者の支援を受け，精いっぱい生きていることを映し出している。遠藤さんはインターネットをとおして介護者を募集し，そして自分の意思で在宅での生活をしている。そういう意味で遠藤さんは自ら意向を自己決定し，生活をしているという意味で自立生活運動の考え方を実践しているといえる。

第4節　児童福祉施設の自立支援

　児童福祉施設に入所している子どもの自立支援は，できることを増やすことだけではなく，職員との日常的なかかわりのなかで権利擁護され，盤石（ばんじゃく）な信頼関係が構築され，そのうえで自立に向けての働きかけがなされていることを学ぶ。

（1）自立支援計画
　1997（平成9）年に50年ぶりに児童福祉法が全面的に改正された。それまでの保護することに加えて，自立の支援（退所後の支援もふくむ）にも重きをおくというものである。自立支援計画はそういう背景のもとに策定されているものである。
　自立支援とは，ひとことでいうと総合的な生活力が身につくような支援といえる。総合的な生活力というのは，家事（食事，掃除，洗濯，公共料金の支払いなど）や対人関係（日常生活のなかで困ったときに他者に助けを求める，社会生活のなかで気持ちの折りあいをつけられるなど）がふくまれる。とりわけ対人関係が適切にできるためには，日々の生活のなかで他者に受け入れられる体験が必要になる。それゆえ盤石な関係を構築し，それをテコに社会への羽ばたきを計画したものが，自立支援計画である。

具体的には児童相談所からの児童記録票や指導指針をもとに児童養護施設等の入所施設が主となって策定している。それにより児童相談所と入所施設が連携して子ども，保護者の直面している課題に取り組んでいる。その自立支援計画は，「入所理由」「被虐待歴」「支援方針」「本人の意向」および「保護者の意向」「関係者の意見」（学校の要望等の），子どもと家庭の双方に対する「長期目標」「短期目標」「支援内容・方法」（行動・性格や基本的生活習慣への支援のあり方，健康・疾病ケア，反社会的行動への対応など）「特記事項」（児童相談所への要望等）などで構成されている。

（2）自立支援の実際

　表10-1の「自立支援計画票」にもとづいて，児童養護施設はそのつど児童相談所と協議し取り組んでいるが，子どもの状況にあわせての自立支援計画策定の負担は多大なものである。というのは，日頃のかかわりを職員間で話しあい，それを言語化する作業は膨大な時間を要するからである。しかしその労力を上回る成果（職員間の共通理解，そして子どもと保護者に対して一貫した支援）が期待できるからこそ取り組んでいるのである。

エピソード

自立にむけての取り組み

　自立支援計画は，1回目は年度当初の4月に9月までの計画を作成し，9月の段階で支援への評価をします。それにもとづいて10月から翌年の3月までの支援計画を立てます。3月の段階で次年度の計画に反映するようにします。
　児童養護施設は，児童相談所の仲介のもとに保護者のケアも支援もしています。入所当初に児童相談所から提示された家庭復帰の目途を念頭に，保護者，子どもの様子などから園内の宿泊棟での内泊を数回試行しています。おおむね6か月間かけ親子関係の調整をし，その後に一時帰省が可能と判断されたときには児童相談所と協議のうえ，一時帰省を試みています。
　また，保護者が面会にこない，帰省できない子がいます。そういう子が思春期を迎える頃になると，家庭から学校に通学している子と自分とのちがいに目が行き，気分が落ち込み不登校になることがあります。そういうときは，ゆっくり話しあう時間を

第10章 権利擁護と自立支援

> 設けて，この施設に入所した経緯などを話し，そしてこれからのことを一緒に整理していくことが必要になります。
> 　高校3年生になると自活訓練棟に移り，そこで退所後の準備をしています。そこでは自分で買い物に行き，食事をつくるなどの家事，出かけるときには電気を消す，鍵をかけるなどの生活の基本や，困ったことなどを職員に相談するなど社会生活に必要なことを練習しています。
> 　いよいよ施設を退所し，一人での生活が始まる前に，子どもに訪問の目安（3か月に1回程度）を伝え，訪問しています。退所後どのような思いで生活しているかを子どもから聞き，そのときの状況によっては，施設内の自活訓練棟での生活を提案し，本人了解のもとに再出発の支援をしています。
> 　出所：児童養護施設職員の話をもとに筆者作成。

　エピソードの「自立にむけての取り組み」には，4つの支援が記載されている。これを権利擁護（エンパワメント）と自立支援の視点からみると以下のようになる。

　1つ目は，家庭復帰に向けてのものである。日頃の親と子どもの様子をふまえて，復帰に向けての親子関係や関係機関の調整をし，第1節（3）のエンパワメント実践ならびに第3節（1）の自立の視点からの支援，2つ目は，家庭復帰が困難で，そのことに起因して不適応行動を引き起こした子どもに対して，第1節（3）のエンパワメント実践をとおして，子どもが自らの力で歩み始めることができるように支援，3つ目は，第3節（1）の自立に関しての視点をふまえ，高校を卒業し，施設を出て一人暮らしができるように支援，そして4つ目は，社会の荒波にさらされ力が弱まってしまった状態にあるとき，第1節（3）のエンパワメント実践により，再び社会に巣立てるように支援を行っている。

　そして，このような職員の自立に向けての取り組みを支えているものは，子どもや保護者の**回復力（レジリアンス）**を信じ，期待するという全幅的な肯定的人間観であると思われる。

表10-1　自立支援計画票　　　　　　　　　施設名（　　　　　）

（フリガナ）児童氏名		児童相談所名	
		児童相談所担当者	児童福祉司 児童心理司
性　別	男　・　女		
生年月日	年　　月　　日（　　歳）	入所年月日	年　　月　　日
保護者氏名	（続柄　　）	在籍校及び学年	

入所理由	
被虐待歴	有　・　疑い　・　無 （有や疑いの場合は内容を具体的に記入）
支援方針	□施設からの自立　□家庭復帰　□里親委託　□施設変更　□未定
本人の意向	
保護者の意向	
関係者の意見	

子ども本人

長期目標			
短期目標	支援上の目標・課題	支援内容・方法	前回（期日）の総合評価
生活の状況			

家庭（養育者・家族）及びその地域

長期目標			
短期目標	支援上の目標・課題	支援内容・方法	前回（期日）の総合評価

通信	手紙　受信　有　無　（月・年　　回）	発信　有　無　（月・年　　回）
	電話　受信　有　無　（月・年　　回）	発信　有　無　（月・年　　回）
面会	有（　月　　年　　回）　　無（　　月　　年　　日頃から）	
	父　・　母　・　兄弟姉妹　・　祖父　・　祖母　・　その他（　　　　）　　無	
帰省	有（春休み　・　夏休み　・　冬休み　・　その他）　　無	
	帰省先	
面会帰省の様子		
特記事項		
策定年月日	年　　月　　日	記入者氏名

出所：千葉県健康福祉部を筆者一部改変。

第 10 章　権利擁護と自立支援

【用語解説】
障害者総合支援法……この法律は，2011（平成23）年に成立した障害者基本法の考え方，①障害の有無にかかわらず，等しく基本的人権を享有するかけがえのない個人として尊重され，②障害の有無によって分けへだてられることなく，③相互に人格と個性を尊重しあいながら共生する社会の実現，を理念として構成されている法律。
回復力（レジリアンス）……ストレスや挫折などの逆境に，自らさまざまな支援を利用し，困難を克服する能力のことで，「生きる力」とも訳されている。

【振り返り問題】
1　権利擁護することが，なぜ必要なのかまとめてみよう。
2　保育実習などを振り返り，そのなかでのエンパワメント実践を考えてみよう。
3　さまざまな人（身体障害，知的障害，認知症など）の自立を再考してみよう。

〈引用文献〉
(1)　和田光一監修／田中利則・横倉聡編著『保育の今を問う保育相談支援』ミネルヴァ書房，2014年，64頁。
(2)　厚生省児童家庭局家庭福祉課長通知「児童養護施設等における適切な処遇の確保について」1997年，一部引用。
(3)　石山哲郎・鶴見達也編『幼稚園教育要領　保育所保育指針〈原本〉』2010年，64頁。
(4)　大場幸夫監修『保育所保育指針ハンドブック』学研，2009年，157頁。
(5)　社会福祉辞典編集委員会編『社会福祉辞典』大月書店，2002年，289頁。
(6)　厚生省児童家庭局家庭福祉課監修『児童自立支援ハンドブック』日本児童福祉協会，1998年，30頁。
(7)　前掲書(5)，290頁。

〈参考文献〉
伊勢真一演出『えんとこ』「えんとこ」製作上映委員会。
定藤丈弘・岡本栄一・北野誠一編『自立生活の思想と展望』ミネルヴァ書房，1993年。
定藤丈弘・佐藤久夫・北野誠一編『現代の障害者福祉』有斐閣，1996年。
長谷川眞人編『子どもたちのもう一つの家——児童養護施設における自立支援の検証』三学出版，2007年。
望月彰『自立支援の児童養護論——施設でくらす子どもの生活と権利』ミネルヴァ書房，2004年。

森田さゆり『エンパワメントと人権』解放出版社，2007年。
山内一永『図解障害者支援法』日本実業出版社，2013年。
吉田眞理編著『児童福祉を支える 演習 社会的養護内容』萌文書林，2013年。
ワオ・コーポレーション『8月のシンフォニー──渋谷2002〜2003』2009年。

（本山芳男）

第11章
地域福祉の役割と課題

本章のポイント

　地域福祉とは，われわれが地域で充実した生活を営むうえでもっとも身近な福祉といえます。地域には福祉サービスが必要な方やこれから必要になるかもしれない方がいます。たとえば，保育所が行う子育て支援などは，地域で子育てに悩む保護者にとって，身近に悩みを相談できる大切な福祉サービスとなっています。そのため，保育士は地域で子育て支援を育むための大切な役割を担っています。

　地域福祉を充実させるためには，福祉ニーズに対して，保育士だけでなく社会福祉協議会やNPOなどのさまざまな機関や組織・団体が連携を図り，地域住民が主体的に福祉ニーズに取り組み，地域に住む人びとが充実した生活を送れるようにすることが大切です。本章では，地域福祉とはどのようなものなのか，地域福祉に関係する機関や組織など，地域福祉のなかの保育士が果たす役割について学びます。

第1節　地域福祉とは

　地域福祉の概念は，明確に固定化はされていない。日本で地域福祉という用語が法律で示されたのは，2000（平成12）年に成立した社会福祉法である。社会福祉法第4条において，地域福祉の推進について「地域住民，社会福祉を目的とする事業を経営する者及び社会福祉に関する活動を行う者は，相互に協力し，福祉サービスを必要とする地域住民が地域社会を構成する一員として日常

生活を営み，社会，経済，文化その他あらゆる分野の活動に参加する機会が与えられるように，地域福祉の推進に努めなければならない」と示され，地域住民を対象に福祉サービスを推進することが明記されている。ここから，地域福祉の目的は「地域住民が住んでいる地域で安心した日常生活を営むことができるようにする」ことだといえる。そして，その目的を達成するためには行政が主体による福祉サービスの提供だけでなく，住民同士の助けあいやボランティアなど地域住民が主体となって福祉ニーズを解決できるようになることが大切である。次に地域福祉の対象となる「地域住民」について考えてみる。地域住民とは，地域に住む住民を指すが，地域とはいずれかの自治体（都道府県や市区町村など）を指している。そしてその範囲は，地域に住む住民すべてである。そのため，福祉サービスの対象も高齢者や身体障害者，子育てに悩む保護者などさまざまなのである。つまり，ここでいう地域住民には，高齢者や障害児（者），子育てに悩む保護者，経済的不安のある世帯などさまざまな福祉ニーズを抱える人びともふくまれることがわかる。

（1）地域福祉の歴史

　地域福祉の概念は，1950年頃にイギリスで生まれた概念である。イギリスでは18世紀頃，知的障害者や精神障害者に対して施設でのケア（支援）体制が整備されるようになった。しかし，施設ケアといっても地域から離れた場所に施設が設置され，大人数を「収容」する大規模施設が建てられていた。その後，長期収容する施設ケアが障害者にとって，地域での自立した生活の弊害であることが人びとに理解されるようになり，適切なコミュニティ（地域社会）で支援される重要性が指摘された。その結果，1959（昭和34）年に精神保健法が制定され，大規模病院を閉鎖し，地域保健サービスや地域福祉サービスを入院者に対して行うことが示された。また，イギリスでは18世紀後半に産業革命が起こり，資本主義のなか，国民のなかで貧富の格差が発生し，貧困層では，飢えや病気，犯罪などの問題の発生が増加した。これらの問題に対して，富裕層による慈善活動が行われ，貧困層のケアが行われ始めた。その後，**セツルメント**

第 11 章　地域福祉の役割と課題

運動が行われるようになり，1884（明治17）年には**トインビーホール**が設立され，世界で最初のセツルメントの拠点となった。このようにイギリスでは，障害者の施設中心の福祉から地域中心の福祉の実行，貧困層に対する慈善組織活動など社会福祉のさまざまな分野で地域において福祉を提供するコミュニティ・ケア（地域福祉）の考え方が浸透していった。イギリスのコミュニティ・ケアに関連する歴史を表11-1に示す。

　日本では，第2次世界大戦以前は農業中心の社会であり，農業社会では，地域住民の意識と行動に「お互いさま」「ご近所づきあい」などの**相互扶助**が多くみられていた。しかし，戦後になると日本は高度経済成長の影響もあり，社会の近代化，工業化，都市化，核家族化が進み農業社会中心でみられていた地域住民による相互扶助が低下していった。その結果，それまでは地域住民の相互扶助によって支援がなされていた地域における高齢者支援や障害児（者）支援，子育て支援が十分になされなくなり，行政が主体となって公的な福祉サービスを行うようになった。しかし，現在では，多様化する地域の福祉ニーズに公的な福祉サービスのみでは対応が困難なケースも増えてきている。今後，地域福祉の充実には，福祉ニーズに対して，公的な福祉サービスによる対応だけでなく，地域住民が自主的・主体的に福祉活動に参加することが重要となる。

（2）地域福祉のとらえ方

　地域福祉の概念は，現在も明確な固定化はされておらず，そのため，地域福祉のとらえ方は研究者によりさまざまに提唱されている。牧里毎治はさまざまな地域福祉の定義を比較して，地域福祉のとらえ方を「構造的概念」と「機能的概念」に大別した。

　構造的概念とは，地域福祉を社会福祉理論における構造的な立場から把握しようとするアプローチの方法である。つまり，地域住民の抱える福祉問題を制度的な問題としてとらえる考え方である。構造的概念は，行政による地域福祉施策の確立を重視する「政策制度的アプローチ」と地域住民などによる住民運動などの社会運動を強調する「運動論的アプローチ」に細分される。

表11-1 イギリスの地域福祉の歴史

年　号	で　き　ご　と
18世紀半ば	産業革命（世界で最初の工業化）
18世紀後半	産業革命による貧富の格差による貧困層の増加
1782年	ギルバード法 ・貧困層に対する職業の斡旋や生活費の公的扶助を行うなど，貧民の支援を行った。
1834年	新救貧法 ・貧困対策に関する法律 ・それまで各自治体でなされていた貧困対策に対して，国家が統制して画一的な救貧政策の実施を目指した。
1869年	ロンドンに慈善組織協会が設立 ・貧困層に対して訪問による面接を行った。
1880年代	セツルメント運動 ・学生や知識人がスラム街に住み込み教育活動を展開する。
1884年	トインビーホールの設立 ・世界最初のセツルメントの拠点となる。
1942年	ベヴァリッジ報告 ・5つの巨人悪（不潔・窮乏・怠惰・無知・疾病）の根絶の重要性を指摘
1956年	精神保健法の成立 ・法律の成立により障害者に対するコミュニティ・ケアの重要性が示された。
1968年	シーボーム報告 ・地方自治体の対人福祉サービスの組織と責任について再検討が行われた。 ・家族サービス活動の効果的な実施を保障する改革案の考察等 　　コミュニティ・ケアが国民に浸透され始めた。
1978年	ウルフェンデ報告 ・福祉多元主義（福祉ミックス）におけるボランタリーセクターの役割について報告が行われた。
1982年	バークレイ報告 ・イギリスにおけるソーシャルワークの現状の課題について報告が行われた。
1988年	グリフィス報告 ・イギリスのコミュニティ・ケア政策のあり方について報告が行われた。

出所：平岡公一『イギリスの社会福祉と政策研究——イギリスモデルの持続と変化』ミネルヴァ書房，2003年より筆者作成。

　機能的概念は，構造的概念とは対照的で地域福祉を社会福祉理論における機能的な立場から把握しようとするアプローチの方法である。つまり，地域の福祉問題について社会的ニーズを充足する社会的サービスと社会資源の供給システムとしてとらえる考え方である。機能的概念は，住民の主体性を重視する

第 11 章　地域福祉の役割と課題

表11-2　岡村重夫の提唱する地域福祉の概念

コミュニティ・ケア	支援が必要である人に対して直接的になされるサービス
予防的社会福祉	地域で生活するうえで起こり得る福祉ニーズを未然に防ぎ，また，発生後にはすぐに対応し，解決できる社会。予防的社会福祉の充実がコミュニティ・ケアの充実につながるとされる。
地域組織活動と地域福祉組織活動	コミュニティ・ケアと予防的社会福祉を効果的に行うために地域社会の構造，機関，組織などに働きかける活動

出所：岡村重夫『地域福祉』光生館，1974年より筆者作成。

「主体論的アプローチ」と社会資源の供給を重視する「資源論的アプローチ」に細分される。

　岡村重夫は，地域福祉について，①コミュニティ・ケア，②予防的社会福祉，③地域組織活動の３つの概念を提唱している（表11-2参照）。そして，地域福祉を推進するうえで「福祉コミュニティ」の重要性を指摘している。福祉コミュニティとは，日常生活に困難を抱えている，もしくは困難を抱える可能性のある住民が通常の生活を営むことができるように，困難に対する支援と困難を抱えないように予防するための支援を行政による公的サービスや私的サービス（住民運動やボランティアなど）が相互に関係するネットワークである。

第２節　地域福祉を担う主体

　地域福祉では，その地域に住む住民の福祉ニーズを満たすことが目的とされている。しかし，地域住民のみで福祉ニーズに対して取り組むことは困難であり，地域における福祉関係者と福祉関係機関，そして地域住民によってニーズに取り組む必要がある。ここでは，地域福祉を担う主体を紹介する。

（１）社会福祉協議会

　民間の社会福祉活動を推進することを目的とした営利を目的としない民間組織を指し，住民の主体の理念のもと，すべての地域住民が安心して暮らせる福祉コミュニティづくりと地域福祉の推進を行う組織である。

表11-3　社会福祉協議会の活動原則と機能

活動原則	①住民ニーズ基本の原則 　調査等により，地域住民の要望，福祉課題などの把握に努め，住民のニーズにもとづく活動を第一にすすめる。 ②住民活動主体の原則 　住民の地域福祉への関心を高め，そこから生まれた自発的な参加による組織を基盤として，活動をすすめる。 ③民間性の原則 　民間組織らしく，開拓性・即応性・柔軟性をいかした活動をすすめる。 ④公私協働の原則 　社会福祉，そして保健・医療，教育，労働等の行政機関や民間団体等の連携を図り，行政と住民組織との協働による活動をすすめる。 ⑤専門性の原則 　住民の福祉活動の組織化，ニーズ把握調査，地域福祉活動の計画づくりなど，福祉の専門性をいかした活動をすすめる。
機　　能	①住民ニーズ・福祉課題の明確化，住民活動の推進機能 ②公私社会福祉事業等の組織化・連絡調整機能 ③福祉活動・事業の企画および実施機能 ④調査研究・開発機能 ⑤計画策定，提言・改善運動機能 ⑥広報・啓発機能 ⑦福祉活動・事業の支援機能

出所：「新・社会福祉協議会基本要項」全国社会福祉協議会策定，1992年より筆者作成。

　社会福祉協議会（以下，「社協」と記す）には，全国社会福祉協議会，都道府県社会福祉協議会，市区町村社会福祉協議会がある。社協は第2次世界大戦後，地域社会でさまざまな福祉分野において中心的な役割を果たしており，住民にとってもっとも身近な福祉ニーズに対する支援組織であるといえる。社協は，1992（平成4）年に全国社会福祉協議会が策定した「新・社会福祉協議会基本要項」で「活動原則」と「機能」を表11-3に示すとおり説明している。

　地域住民にとって，もっとも身近に地域福祉の推進や福祉のまちづくりを行っている組織が，市区町村社会福祉協議会である。市区町村社会福祉協議会では，さまざまな福祉に関する相談やサービス提供，ボランティアや市民活動の支援，共同募金運動等に対する協力を行っている。都道府県社会福祉協議会は，都道府県もしくは政令指定都市規模で地域福祉の充実を目指した活動を行う組織で，市区町村社会福祉協議会の指導や支援，監督を行い，福祉人材の確保や養成，障害によって自身の判断能力に不安がある者を対象に行う福祉サー

第 11 章　地域福祉の役割と課題

ビスの利用援助や日常的な金銭管理を行う日常生活自立支援事業などが事業として挙げられる。

（2）民生委員・児童委員

　民生委員制度は，1917（大正6）年に岡山県に設置された**済世顧問制度**と1918（大正7）年に大阪府で始まった**方面委員制度**が始まりとされている。

　民生委員は，民生委員法にもとづき，厚生労働大臣から委嘱された非常勤の地方公務員である。給与の支給がなく，ボランティアとして地域の福祉活動を行っている。任期は3年であり，再任が可能である。また，民生委員は児童福祉法に定める児童委員を兼ねることとされている。児童委員は，地域の子どもが元気に安心して暮らせるように，子どもたちを見守り，子育ての不安や妊娠中の心配などに対する相談・支援等を行う。さらに，民生委員・児童委員の中から担当区域をもたず，区域を担当する民生委員・児童委員と連携しながら子育て支援や児童健全育成活動などに取り組む主任児童委員が活動している。2013（平成25）3月31日現在で23万199人の民生委員・児童委員が厚生労働大臣から委嘱を受けて活動している。

　主な活動内容は，特定の区域を担当し，高齢者や障害者の福祉に関すること，子育てなどの不安に関するさまざまな相談・支援を行っている。たとえば，担当区域の高齢者や障害者のいる世帯，児童・妊産婦・母子（父子）家庭などに対して家庭訪問や情報収集によって状況を把握，児童の登下校時の声かけ，さまざまな福祉ニーズに応じたサービスの情報提供や相談・支援を行っている。また，地域の住民関係の希薄化が進むなかで，民生委員や児童委員は，住民の良き相談相手のみならず，高齢者の孤独死や児童虐待，ドメスティックバイオレンスといった社会的問題を発見，もしくは予防する大切な役割を担っている。

（3）地域包括支援センター

　介護保険法にもとづき「地域住民の心身の健康の保持及び生活の安定のために必要な援助を行うことにより，その保健医療の向上及び福祉の増進を包括的

197

に支援することを目的とする施設」(同法第115条の45) である。高齢者が地域において安心して生活をおくることができるように，包括的（全体的にまとめて）および継続的な支援を行う役割（**地域包括ケアシステム**）がある。

　地域包括ケアの実現に向けて，社会福祉士，保健師，ケアワーカーなどがその専門的知識や技術を活かし，チームで連携して地域のネットワークの構築や高齢者に対する個別サービスの計画を行うなど地域における高齢者福祉の中心的な役割を担っている。

(4) 福祉施設

　福祉施設は，生活保護，高齢者福祉，障害者福祉，児童福祉，母子及び寡婦福祉，精神保健福祉など各福祉分野に応じて支援を行う施設である。地域で福祉ニーズを抱えた住民にあわせてさまざまな施設が設置され，施設の機能を活かした支援が行われており，地域の福祉ニーズに対して重要な役割を担っている。さらに地域に設置される福祉施設の役割には，利用者を受け入れて支援するだけでなく，施設ごとの専門的機能をいかして，利用者が施設利用にいたる前の段階で相談や支援を行うことで福祉ニーズに対する予防的活動も期待されている。

　児童福祉法にもとづく児童福祉施設である保育所や児童館などでは，地域子育て支援拠点事業が実施されており，地域で子育てを支えるために子育て中の親子の交流促進や育児相談等を実施しており，地域における子育てニーズの対応を図っている。

(5) 特定非営利活動法人（NPO法人）

　特定非営利活動促進法（NPO法人）は，福祉，教育・文化，まちづくりなど20の活動分野が定められている（第6章表6-1参照）。地域の福祉ニーズのなかには行政による公的な福祉サービスだけでは支援が不十分なニーズもある。行政のみによる福祉サービスだけでは解決がむずかしいニーズに対して，NPOの活動のなかにはボランティア活動のように私的サービスを提供する活動もあ

り，今後，NPO法人の活動には地域福祉を推進するうえで重要な役割を果たすことが期待されている。

NPO法人とは，NPOにもとづいて法人格を取得したものを指す。法人格を取得することで社会的な権利が認められ，組織的，継続的な活動が可能となる。

コラム

地域におけるボランティア

近年，ボランティア活動が増加傾向にあります。厚生労働省ではボランティアは，「自発的な意思にもとづき他人や社会に貢献する行為」と位置づけ，ボランティア活動の性格として，「自主性（主体性）」「社会性（連帯性）」「無償性（無給性）」等を挙げています。現在，ボランティア活動は福祉分野における活動だけでなく，環境保全や伝統文化の継承や芸術の普及など，さまざまな分野で活動がみられます。特にボランティア活動に対する関心が高まったのは，1995（平成7）年に発生した阪神・淡路大震災で全国から多くのボランティアが現地での支援活動を行いました。また，2011（平成23）年に発生した東日本大震災においてもボランティア活動が，行政だけでは支援が不十分な分野を今日まで支えています。

そのようなボランティア活動は地域の身近な場面でも多くみることができます。たとえば，福祉施設の夏祭りなどを地域住民がお手伝いをして盛り上げることや地域住民による地域の清掃活動などが挙げられます。これらのボランティア活動を支えるのが，市区町村社会福祉協議会に設置される「ボランティア・市民活動センター」です。ボランティア・市民活動センターでは，ボランティアに関する相談や情報提供や活動先の紹介等を行っています。ボランティア・市民活動センターは地域において福祉分野のボランティア活動を地域住民に理解してもらい，積極的に取り組んでもらうボランティア活動の拠点的なセンターになっています。

出所：筆者作成。

第3節　保育士と地域福祉

保育士と地域福祉の関係性は，地域の児童福祉や母子及び寡婦福祉においてとても密接な関係がある。たとえば，地域において保育に欠ける乳幼児に対しては保育所がその役割を担い，母子生活支援施設は，さまざまな事情で入所す

る母親と子どもに対して相談・支援を進めながら自立を支援する役割を担っている。また，児童発達支援センターや障害児入所施設は障害児に対する専門的な療育・支援を行う役割を担っている。それらの施設には保育士が常勤として勤務しており，子どもの保育や療育はもちろん，保護者の子育て相談に対して助言・支援を行っている。

　近年，保育士が地域の児童福祉に果たす役割は大きくなってきている。国は地域で子どもと子育てを応援する社会の実現に向けて，少子化社会対策基本法にもとづく少子化社会対策要綱（子ども・子育て支援ビジョン）を策定し，2010（平成22）年度から2014（平成26）年度までの5年間で目指すべき施策内容と数値目標を盛り込み，総合的な子育て支援を推進している。子ども・子育てビジョンでは「子どもの育ちを支え，若者が安心して成長できる社会へ」，「妊娠，出産，子育ての希望が実現できる社会へ」，「多様なネットワークで子育て力のある地域社会へ」，「男性も女性も仕事と生活が調和する社会へ」を4本柱として政策を進めている。また，国では「地域子育て支援拠点事業」の設置を促進している。地域子育て支援拠点事業は，核家族の増加や地域住民のご近所づきあいの減少に対し，子育てによる孤立・負担感や子育て不安を地域で支える取り組みとして，子育て親子が気軽に集い，交流ができるつどいの広場などの子育て支援の拠点づくりを推進している。その基本事業として，①子育て親子の交流の場の提供，②子育ておよび子育て支援に関する相談・助言の実施，③地域の子育て関連情報の提供，④子育ておよび子育て支援に関する交渉を位置づけている。地域子育て支援拠点とは，地域で子育てをする家庭が集い，子育てに対する知識や経験を共有することで，子育て家庭同士のつながりを形成し，地域の子育て支援の充実を図る場所である。地域子育て支援拠点は，機能別に「一般型」「連携型」「地域機能強化型」に実施形態が分かれている。各実施形態については表11-4に示すとおりである。地域子育て支援拠点となる保育所をふくめた児童福祉施設で勤務する保育士は，地域の子育て支援を充実させるための重要な役割を果たすことが考えられる。

表11-4 地域子育て拠点支援事業の実施形態

	一般型	連携型	地域機能強化型
機能	常設の地域の子育て拠点を設け，地域の子育て支援機能の充実を図る取り組みを実施。	児童福祉施設等多様な子育て支援に関する施設に親子が集う場を設け，子育て支援のための取り組みを実施。	子ども・子育て支援新制度の円滑な施行を見据えて利用者支援体制の基盤の構築を行うとともに，地域において子の育ち・親の育ちを支援する地域との協力体制の強化を実施。
実施主体	市町村（特別区をふくむ） （社会福祉法人，NPO法人，民間事業者等への委託等も可能）		
実施場所	保育所，公共施設空きスペース，商店街空き店舗，民家，マンション・アパートの一室等を活用。	児童福祉施設等で実施。	公共施設，保育所などの児童福祉施設等で地域社会に密着した場所で実施。

出所：厚生労働省「地域子育て支援拠点事業とは」2014年より筆者作成。

第4節　児童福祉の担い手としての保育士

(1) 地域における子育て支援

　現在，保育士は地域における児童福祉に関するニーズに対する担い手としてとても大切な専門家といえる。保育所に勤務する保育士は，保育に欠ける子どもを預かり，保護者に代わって保育を行う。しかし，保育士の仕事は子どもを保育するだけでなく，保育所に通所する子どもの保護者はもちろん，地域の子育て支援を必要とする家庭に対して子育て支援を行っている。「保育所保育指針」第6章の「保護者に対する支援」のなかで，保育所はその特性をいかし，保育所に入所する子どもの保護者に対する支援および地域の子育て家庭への支援について，職員間の連携を図りながら，積極的に取り組むことが求められている。つまり，保育所は地域で子育てをする環境を支援する中心的な役割を担っており，保育士が行う保護者支援の重要性がわかる。さらに，「保育所保育指針」第6章では，地域における子育て支援について明記するとともに，支援を積極的に行うよう努めることを明記している（表11-5参照）。

表11-5　地域における子育て支援

1．地域の子育て支援の拠点としての機能 　（1）子育て家庭への保育所機能の開放 　　　（施設および設備の開放，体験保育等） 　（2）子育て等に関する相談や援助の実施 　（3）子育て家庭の交流の場の提供および交流の促進 　（4）地域の子育て支援に関する情報の提供
2．一時保育

出所：厚生労働省「保育所保育指針」第6章より筆者作成。

　地域で子育て支援を行うためには，保育所のみの子育て支援だけでは不十分であり，保育所を地域の子育て支援の拠点的な位置におき，保育士は子育てニーズに対して，行政や病院，児童福祉施設，小学校などのさまざまな機関や専門家と連携を図り支援を行う必要がある。地域の実情によっては子育て支援を行うために連携を図れる関係団体，機関は変化するが，今後も保育所が地域の子育て支援に対して大きな役割を果たす。そのため，保育士は地域において子育て支援に必要な社会資源をつねに把握し，子育て相談に対して関係機関・団体と連携を図り，適切に対応していかねばならない。

（2）地域福祉の充実に向けて

　地域福祉は，地域住民が主体となって，地域の福祉ニーズに取り組むことが重要である。そのため，保育士はもちろん，地域で活動する福祉や教育，医療などの機関や専門職種が地域に根づいたネットワークを形成し，支援環境を整えることが大切である。また，ネットワークはフォーマルなものからインフォーマルなものまでありとあらゆる社会資源を用意し，ニーズにあった資源を組みあわせることが地域福祉の充実に向けて重要である。

　地域福祉の充実に向けて，今後重要な役割を担うのがボランティアや親の会などのインフォーマルな社会資源である。ボランティアについては，さまざまな取り組みがなされており，社会福祉協議会が主な窓口になっている。児童福祉分野でのボランティアについて考えてみると，地域において保育所や学童保

育等でのボランティア活動が積極的に行われている。また，児童福祉の分野以外にも高齢者福祉や障害者福祉の分野でボランティアの積極的な活動が望まれている。また，保護者の有志からなる親の会などは，さまざまな障害に対する親の会が地域で存在しており，保育士が障害を抱える乳幼児を支援するうえで障害児保育の支援や協力をしてくれる大切な資源となっている。これらのようなインフォーマルな社会資源とフォーマルな社会資源をニーズにあわせて上手に組みあわせながら活用することが地域福祉の充実につながると考えられる。

さらに，今後の児童福祉のあり方は，乳幼児期だけに支援の焦点をあてるのではなく，支援を必要とする乳幼児とその保護者が，地域において充実した生活を営むことができるよう，乳幼児期の発達段階から，学童期，青年期，成人期と子どもの発達段階にあわせて必要な支援を保育士はもちろん他職種や行政等が連携を図り，生涯にわたって一貫性のある支援を行うことが大切となる。そのために保育士は，ソーシャルアクションの視点をもち，社会全体で子育て家庭を応援できるよう，地域において地域住民とさまざまな社会資源の連携が図れるよう地域に根づいた活動に努力せねばならない。

コラム

地域で育む子育て支援

　内閣府では，2013（平成25）年に全国で20～79歳の男女3,000人を対象に「家族と地域の子育てに関する意識調査」を行いました。調査を行った項目のうち，「地域で子育て支援環境づくりについての意識」において，「子育てをする人にとって，地域の支えは重要だと思いますか」の質問に対して，回答者の内9割以上が「重要だと思う」と回答しています。また，「地域で子育てを支えるために重要なこと」の質問に対しては，選択質問12項目のうち，「子どもの防犯のための声かけや登下校の見守りをする人がいること」を選択した回答者が全体の64.1%，「子育てに関する悩みについて気軽に相談できる人や場があること」が58.1%，「子育てをする親同士で話ができる仲間づくりの場があること」が54.5%の順で子育てを支えるために重要な各項目が選択されていました。

　この調査からもわかるように核家族化の進行や住民同士の関係が希薄化するなか，地域の子育て支援は今後の重要な課題となっています。そのため，各自治体では，さまざまな子育て支援が実施されています。自治体ごとに子育て支援の取り組み方はち

がいますが，みなさんの住んでいる地域ではどのような子育て支援があるか調べてみるのもよいでしょう。各自治体のホームページや広報誌などに子育て支援の情報はあります。

　地域における福祉ニーズは複雑化しており，子育て支援をするなかで障害に対するニーズや児童虐待に対するニーズなどが混在する場合があります。そのため，地域における保育士に求められる子育て支援の内容は複雑化してきています。保育士は，地域において児童福祉のソーシャルワーカーとしての自覚をもち，子育て支援を求める方々に対応することが必要です。また，地域における保育以外に福祉分野や教育分野，医療分野などのさまざまな支援を理解して，保育のみでは解決がむずかしいニーズを適切な分野につなげる役割があることを認識しましょう。

出所：筆者作成。

【用語解説】

セツルメント運動……貧困・教育・差別・環境問題などが原因で一般階層と比較しても劣悪な問題がある地域において，専門知識をもつ者がその地域に常駐し，地域住民に対して適切な支援を行う社会福祉活動を指す。日本では隣保事業とも呼ばれる。

トインビーホール……イギリスで学生時代からセツルメント運動に積極的に加わり，31歳で亡くなったトインビー（Toynbee, A.）を記念して，バーネット（Barnett, S.）夫妻によって1884年に設立されたセツルメントハウス。

相互扶助……互いに助けあうこと。第2次世界大戦以前の日本は農業社会が中心であり，現在よりも地域住民がお互いに支えあい生活をしていた。

済世顧問制度……岡山県知事である笠井信一によって創設された貧民救貧制度。

方面委員制度……大阪府知事であった林市蔵と政治顧問であった小河滋次郎が設立した低所得者層に対する救済をいくつかの方面（小学校通学区域）に分けて貧困者の実態調査を行い，個別救護を実施する制度。

地域包括ケアシステム……重度な要介護状態となっても住みなれた地域で自分らしい暮らしを人生の最後まで続けることができるよう，住まい・医療・介護・予防・生活支援が一体的に提供されるシステム。

ソーシャルアクション……社会福祉活動の一形態。当事者や地域住民のニーズ

をふまえて社会福祉制度の新設・改善を目指す活動および方法のこと。社会資源の開発を行う場合もある。

【振り返り問題】
1　あなたの住む地域の子育て支援には，公的サービスと私的サービスにはどのようなものがあるか調べてみよう。
2　地域で子育てを支援するということはどういうことでしょうか。グループになって意見を出しあってみよう。また，将来的に地域で必要となる子育てサービスについても考え，発表してみよう。

〈参考文献〉
岡村重夫『地域福祉論』光生館，1979年。
厚生労働省「民生委員・児童委員について」2014年10月（http://www.mhlw.go.jp/stf/seisakunitsuite/bunya/hukushi_kaigo/seikatsuhogo/minseiiin/）
内閣府「平成25年度家族と地域における子育てに関する意識調査」2014年10月（http://www8.cao.go.jp/shoushi/shoushika/research/h25/ishiki/index_pdf.html）
平岡公一『イギリスの社会福祉と政策研究——イギリスモデルの持続と変化』ミネルヴァ書房，2003年。
市川一宏・大橋謙策・牧里毎治編著『地域福祉の理論と方法』ミネルヴァ書房，2010年。

（大屋陽祐）

おわりに

　本書は社会福祉の現場を知っている教員を中心に，まとめさせていただいた。保育士の現場は，責任は重く，反面，給与面などの待遇はあまりよくない。むしろ，各保育士のやる気にたよっているところもみられる。本来は公的に支えるべき子どもの育成という役割が社会福祉法人，民間へと効率，費用コストなどの経済的理由により流されてきた。そのなかで，同じ社会福祉の現場を知っている教員だからこそ伝えられることがあると考え，本書を作成した。しかし，そのために気持ちが先行し，空回りしているところがみられたかもしれない。その点についてはご理解をいただきたい。

　本書のタイトルである『子どもの生活を支える社会福祉』の「子どもの生活を支える」とは，学問としての学びだけではなく，学問が実践として活用されることを期待してつけたものである。すでに学んでいただいたとおり，子どもの生活はこれから大きく変化する。また，世界のなかでの日本の役割や課題，そのなかで社会福祉制度をどのように体系づけていくかには少子・高齢化など，多くの問題が山積している。

　保育士にとって，社会福祉はむずかしい教科のひとつかもしれない。しかし，子どもたちの未来を考える保育士になるために多くの知識を身につけていただきたい。また，その知識を活用できる保育士に育っていただきたい。本書がそのために活用されることを念願している。

　最後に，本書の編集にあたり，企画の段階からご指導，ご尽力をいただいたミネルヴァ書房の戸田隆之氏に感謝申し上げたい。戸田氏のご尽力により本書がつくられたといっても過言ではない。

　平成26年12月

編著者一同

索　引

あ　行

IT 技術　9
赤沢鐘美　12
アスペルガー症候群　140
アセスメント（情報収集と分析）　147, 148
アソシエーション型組織　107
アダムズ（Addams, J.）　51
アドボカシー（advocacy）　15, 173, 175
アフターケア　153
育児休業制度　26
育児相談等　198
育児不安　140
石井十次　41
石井亮一　41
遺族基礎年金　66
遺族給付　66
依存ニーズ　183
1.57ショック　45
一番ケ瀬康子　8
5つの巨人　9, 72
一夫一婦制　28
糸賀一雄　42
意図的な感情の表出の原則　144
医療　59
　　──型　133
　　──機関　168
　　──行為　162
医療保険　67, 69
　　──制度　67, 69
インターベンション（介入）　147, 150
インテーク（受理面接）　147
インフォーマル　8
インフレーション　44
ウェッブ夫妻（Webb, S. and Webb, B.）　63
Welfare　2
運営適正化委員会　111, 179

運動論的アプローチ　193
NPO　105
NPO法人　105
　　認定──　106
エバリュエーション（再アセスメント，事後評価）　147, 152
エリザベス救貧法　47
援助関係　139
エンゼルプラン（今後の子育て支援のための施策の基本的方向について）　115
エンパワメント（Empowerment）　14, 174, 176
応益負担　65, 93, 94, 103
応能負担　93, 102
岡村重夫　7
親子の交流促進　198

か　行

階級調和　63
解決結果の公表　113
介護　69
介護給付　70, 89
介護サービス　89
　　──に関する法律　79
介護支援専門員　158, 163
介護認定　103
　　──審査会　70
介護福祉士　59, 138, 158, 161, 162
介護方式　104
介護保険（制度）　59, 69, 89
　　──サービス　65, 89
　　──施設　120, 163
　　──費　102
　　──法　69, 89, 101
介護問題　30
介護予防サービス　70
介護療養型医療施設　120
介護老人福祉施設　120

介護老人保健施設　120
皆年金制度　44
開発的機能　141, 142
回復力（レジリアンス）　187
皆保険制度　44
カウンセリング　129
核家族　28
　　──化　141
格差社会　10, 171
学習障害（LD）　140
学童保育　202
家族機能の低下　87
家族形態　28
家族内や親族関係の希薄化　141
家族病理　92
学校・教育委員会　168
家庭裁判所　167
　　──調査官　168
家庭支援専門相談員　165
家庭相談員　158, 164
家庭的養護　134
家庭内虐待　29
感化法　43
感情の乱れ　138
感情や意識のコントロール　138
間接援助技術　146
環太平洋パートナーシップ協定（TPP）　23
機関委任事務　82
企業ボランティア　105
基礎年金　66
気になる子ども　140
機能的概念　193
基本的生活要求（Basic Needs）　8
基本的ニーズ　60
虐待　133, 141
　　──通報　84
　　──不安　141
　　子どもに対する──　137
キャリアアップ教育　171
休業給付　68
救護施設　127
救貧対策　48

救貧的機能　75
救貧法　51
教育的機能　141, 142
共感的理解　138
狭義の社会福祉　7
　　──の対象者　13
共済年金　66
強制加入　73
共同生活援助（グループホーム）　96
共同生活介護（ケアホーム）　96
業務独占資格　163
拠出　64
居宅介護支援事業所　163
苦情（の）受付　111
　　──担当者　109
　　──の報告・確認　112
苦情解決（制度）　107
　　──責任者　109
　　──に向けての話しあい　113
　　──の記録，報告　113
　　──の仕組み　109, 177
国の責任　73
ぐ犯少年　168
クライエント　15, 137
グローバリゼーション　3
グローバル資本主義　9
ケアの孤立化・密室化の防止　182
ケアプラン　103
ケアマネージャー　163
ケアマネジメント　104, 129
　　──業務　163
ケアワーカー　198
ケイ，エレン（Key, E.）　46
経済活動のグローバル化　23
経済活動を行う権利　61
経済的自立　183
経済保障　5
経済連携協定（EPA）　23
警察　168
傾聴　138
契約制度　93, 99
契約によるサービスの提供　46

索　引

契約方法　104
契約利用制度　101
ケースカンファレンス　153, 182
ケースワーカー　15, 137
現金給付　27, 80
健康保険　67
健全育成　141
現物給付　27, 68, 80
権利　175
　──侵害　181
　──（の）擁護　141, 173, 176
後期高齢者医療制度　67
高機能自閉症　140
公金支出禁止　104
合計特殊出生率　21, 45
後見人の選任　167
公衆衛生　4
公助　88
厚生事業　5
厚生年金　66
更生補導　5
構造的概念　193
交代勤務　167
交代制　167
公的な福祉サービス　193
公的扶助（国民扶助）　53, 74
　──制度　64, 70
　──の原則　3
公的補助　64
行動援護　184
行動規範　182
孝橋正一　6
公費助成　100
幸福　79
公平かつ公正な負担　79
公民権法　53
公務員共済　67
高齢化率　22
高齢者虐待の防止，高齢者の養護者に対する支
　援等に関する法律（高齢者虐待防止法）
　　90, 181
高齢者の孤独死　197

高齢者の「自立」　69
高齢者の単身世帯　30
ゴールドプラン（高齢者保健福祉推進10ヵ年戦
　　略）　115
国際障害者年　114
国際人権規約　4
国税庁　10
国内総生産（名目GDP）　27
国民皆保険体制　67
国民健康保険　67
国民生活基礎調査　29
国民年金　66
国民の権利　100
国民の最低生活保障　70
国民保険　50
国連人口基金（UNFPA）　19
心のケア　133
心のゆらぎ　138
個人の尊厳　46
子育て家庭同士　200
子育て家庭の孤立化　141
子育て支援　160
子育て相談　202
子育ての責任　47
子育ての不安　197
子育てへの不安感の増大　171
子育てへの負担感の増大　171
国家資格　138, 158
国家独占資本主義　3
国家扶助　5, 64
国庫　65
　──負担　73
孤独死　30, 31
　──・衰弱死　8
子ども・子育て支援新制度　116
子ども・子育て支援法　37
子ども家庭福祉　165
子ども虐待防止の手引き　17
子どもたちの支援制度　13
子どもに対する虐待　137
子どもの監護者　167
子どもの権利ノート　177

211

子どもの最善の利益　*11, 169*
子どもの人権　*134*
　　──の尊重　*11*
子どもの貧困化　*171*
子どもの貧困率　*35*
個別援助（ソーシャルワーク）　*145*
個別化の原則　*143*
個別支援計画　*102*
個別の障害　*134*
コミュニティ（地域社会）　*192*
コミュニティ・ケア（地域福祉）　*193*
　　──法　*51*
雇用形態　*23*
雇用制限　*22*
雇用保険制度　*69*
雇用保険法　*69*
困窮の原因　*64*
困難な子どもたちのニーズ　*16*

さ 行

サービス計画　*104*
サービスの向上　*46*
サービスの利用計画　*104*
サービス利用の選択　*82*
在宅での指導　*83*
在宅福祉サービス　*183*
最低限度の生活　*4, 62*
里親　*132*
里親制度　*134*
差別の意識　*54*
産業革命　*48*
産業構造　*22*
産業の再編　*23*
３障害の一元化　*93*
GHQ　*100*
支援計画　*139*
支援相談員　*158*
支援費制度　*87, 93*
四箇院　*39*
資源論的アプローチ　*195*
試行錯誤　*137*
自己覚知　*139*

自己責任　*46, 61*
自己点検　*46*
自己の権利　*16*
自己負担（分）　*65, 67, 74, 102*
　　──率　*89*
自己理解　*139*
自助　*88*
自助グループ　*15*
施設運営　*100*
施設型給付　*37*
施設サービス　*70*
施設実習　*119*
施設入所　*183*
施設の利用（通所・入所）指導　*83*
慈善活動　*47*
自尊感情　*183*
自治事務　*82*
失業者　*24*
　　──の増加　*23*
実施委託費　*101*
実地権限　*80*
質と効率性の向上　*79*
私的扶養の原則　*3*
児童委員　*88, 197*
児童育成計画　*115*
児童買春，児童ポルノに係る行為等の処罰及び
　　児童の保護等に関する法律　*17*
児童家庭支援センター　*122*
児童館　*198*
児童虐待　*171, 197*
児童虐待の防止等に関する法律　*17, 181*
児童健全育成活動　*197*
児童厚生施設　*122*
児童指導員　*158, 159, 164*
児童自立支援施設　*102, 122, 132*
児童自立支援専門員　*158*
児童生活支援員　*158*
児童相談所　*80, 83*
児童の権利に関する条約（通称「子どもの権利
　　条約」）　*11*
　　──第19条　*16*
児童は権利をもつ主体　*46*

児童発達支援センター　122
児童福祉行政　88
児童福祉司　85, 88, 158, 164
児童福祉施設　11, 59, 88, 120, 122, 132, 176
児童福祉法　44, 80, 88
児童養護施設　59, 102, 122, 131
慈悲や慈善　100
資本主義社会　2
社会権　62
社会事業　5
　──法　43, 99
社会資源　10, 202
社会主義国　9
社会政策　7
社会手当　64
社会的支援　54
社会的弱者　13, 79, 109
社会的集団　13
社会的信用　160
社会的生活要求（Social Needs）　8
社会的入院　69
社会的ネットワーク　10
社会的文化的な要素　61
社会的養護　134, 177
社会的欲求　60
社会福祉　1
社会福祉基礎構造改革　45, 79, 99
社会福祉協議会　87, 195
社会福祉計画　113
社会福祉サービス　79, 119
社会福祉3法　44
社会福祉士　59, 137, 158, 161
社会福祉士及び介護福祉士法　159
社会福祉事業　104
　──の経営者　177
社会福祉事業法　79, 87, 100
社会福祉施策　13
社会福祉施設　99, 119
社会福祉施設長資格　158
社会福祉主事　87, 158, 159, 164
社会福祉専門職　157
社会福祉ニーズ　114, 115

社会福祉法　87, 104
社会福祉法人　87, 100, 104, 126
社会福祉6法　44
社会保険（制度）　64, 69, 72
　──の財源　64
社会保険方式　50
社会保障関係給付　89
社会保障（制度）　4, 5, 59
社会保障制度に関する勧告　5
収支均等　73
終身雇用　22
集団援助技術（グループワーク）　145
重度障害者　183
重度訪問介護　96
自由貿易協定（FTA）　23
住民同士の助けあい　192
就労環境　25
主体論的アプローチ　195
恤救規則　5, 40
受動的立場　183
主任児童委員　197
受容の原則　143
障害基礎年金　66
傷害給付　68
障害給付　66
生涯教育のシステム　30
障害支援区分　96
障害支援区分認定　102
障害児施設　101
障害児通所支援　126
障害児入所施設　122, 126, 133
障害者　100
　──の虐待防止　90
　──施策　93
障害者基本計画　55
障害者基本法　55, 93
障害者虐待の防止，障害者の養護者に対する支
　援等に関する法律（障害者虐待防止法）
　　92, 181
障害者支援施設　102, 120
障害者自立支援法　87, 93, 94

障害者の日常生活及び社会生活を総合的に支援する法律（障害者総合支援法）　87, 93, 94, 125, 184
障害者対策に関する新長期計画　55
障害者福祉サービス　87
障害者プラン　55
障害程度区分　96
障害福祉計画　96
障害福祉サービス　133
小規模グループケア　132
少子化社会対策基本法　200
少子化社会対策要綱　200
少子高齢化社会　19
情緒障害児短期治療施設　122, 132
傷病給付　68
情報公開　46
職員のメンタルヘルス　182
職業的自立　183
職業倫理　138
職業を選択する権利　62
触法少年　168
助産施設　101, 122
所得格差の拡大　9
所得再分配　63
所得保障　62
　　――に関する法律　79
自立　5, 182
自立支援　182
　　――方式　104
自立支援計画　185
　　――策定　186
自立自助の原則　3
自立助長　70
自立生活運動（Independent Living Movement）　101, 184
親権者　167
親権の一時停止　167
親権の喪失宣言　167
人権擁護　13
人口動態統計　15
人材の確保　170
心身障害者対策基本法　93

身体障害　5, 93
身体障害者更生相談所　86
身体障害者社会参加支援施設　120
身体障害者福祉司　158
身体障害者福祉法　44, 80
審判　167
信用失墜行為の禁止　160
信頼関係　139
心理療法　132
スーパービジョン　182
スティグマ　9, 101
生活困窮　5
生活困窮者　114
　　――の増加　23
生活困難克服　7
生活支援内容　130
生活指導　5, 132
生活指導員　158
生活上のリスク　61
生活保護制度　24, 70
生活保護法　44, 70, 80
政策制度的アプローチ　193
精神科ソーシャルワーカー（PSW：Psychiatric Social Worker）　162
精神障害　93
精神薄弱児施設　159
精神病患者の増加　137
精神保健福祉士　137, 158, 161, 162
生存権（平和的生存権）　4
　　――の保障　79
成年後見制度　179
成年後見人　179
生理的欲求　60, 140
世界幸福度報告書　1, 2
世界人権宣言　3, 175
『世界人口白書2014』　25
世帯の構造　29
世帯類型　29
セツルメント　49
　　――運動　192
セルフヘルプ　14
　　――・グループ（Self Help Group）　15

善意や犠牲　*100*
船員保険　*67*
全国社会福祉協議会　*105*
戦災孤児　*100*
　　──・浮浪児　*114*
戦傷病者　*114*
戦争孤児　*44*
専門職　*156*
　　──の組織化　*158*
専門性のさらなる向上　*170*
総合こども園　*37*
相互扶助的　*73*
相対的貧困率　*34*
相談相手の減少　*141*
相談援助　*136*
　　──の展開過程　*146*
相談支援　*15*
相談窓口　*141*
送致　*168*
ソーシャル・インクルージョン　*114*
ソーシャルアクション　*203*
ソーシャルワーカー　*161*
ソーシャルワーク　*6, 129*
組織運営・資格に関する法律　*79*
措置委託制度　*100*
措置委託費　*100*
措置が適当な場合　*102*
措置から契約制度　*82*
措置制度　*46, 87, 93, 99*

た　行

ターミネーション（相談の終結）　*147, 153*
第一号被保険者　*66, 69*
第１次産業　*2, 22*
第１次ベビーブーム　*20*
第一種社会福祉事業　*88, 104, 122*
待機児童　*36*
第三号被保険者　*66*
第３次産業　*2, 22*
第三者委員　*109, 113*
第三者（による）評価　*46, 179*
対等な関係の確立　*79*

第二号被保険者　*66, 69*
第２次産業　*22*
第２次ベビーブーム　*20*
第二種社会福祉事業　*88, 104, 122*
代弁　*16, 175*
　　──的機能　*141, 142*
代理受領　*102*
竹中勝男　*7*
脱施設　*51*
多様なサービスの提供と参入　*46*
多様な主体の参入促進　*79*
雇用の分野における男女の均等な機会及び待遇
　　の確保等に関する法律（男女雇用機会均等
　　法）　*160*
団体委任事務　*82*
地域移行支援サービス　*96*
地域型保育給付　*37*
地域活動支援センター　*128*
地域子育て支援拠点事業　*198, 200*
地域住民　*192*
地域生活支援事業　*94, 96*
地域での総合的な支援　*79*
地域の福祉ニーズ　*193, 198*
地域福祉　*87, 191, 192*
　　──活動計画　*87*
　　──サービス　*192*
　　──の重視　*46*
　　──の充実　*202*
地域包括ケアシステム　*198*
地域包括支援センター　*197*
地域保健サービス　*192*
地球環境破壊　*9*
知的障害　*93*
知的障害者親の会　*54*
知的障害者更生相談所　*86*
知的障害者福祉司　*158*
知的障害者福祉法　*54, 80*
地方分権型のサービス　*114*
注意欠陥／多動性障害（AD/HD）　*140*
中央集権型のサービス　*114*
長時間保育　*167*
調整的機能　*141, 142*

調停　167
直接援助技術　145
通所（通園）型施設　120, 122
積立方式　64
トインビーホール　193
等価可処分所得　34
同行援護　184
統制された情緒的関与の原則　144
透明性の確保　79
特定非営利活動促進法　105
特定非営利活動法人（NPO法人）　198
特別養子縁組　167
徒弟の強制　47
留岡幸助　41
ドメスティックバイオレンス（DV）　197
土曜日保育　167

　　　　　な　行

ナショナルミニマム　50, 63
難病の患者　95
ニーリエ（Nirje, B.）　55
日常生活　162
　　──自立支援事業　197
日常生活要求（ニーズ）　8
日本国憲法第25条　4
日本赤十字　100
日本の将来推計人口　21
乳児院　102, 122, 130
乳児家庭全戸訪問事業　167
入所型施設　120
ニューディール政策　52
任意後見制度　179
人間関係　139
　　──の希薄化　29
人間尊重　138
妊産婦手帳　43
認定NPO法人　106
認定こども園法の一部改正　37
任用資格　158
ネグレクト　141
ネットワーク　195
　　──システム　165

年金　59
　　──不信　65
年金保険　66
ノーマライゼーション　53, 93, 101, 114, 133
　　──の理念　51
野口幽香　12, 42

　　　　　は　行

バーナード（Bernard）　50
バーナード・ホーム　50
バーネット（Burnett）夫妻　49
配偶者からの暴力行為（DV）　36
配偶者からの暴力の防止及び被害者の保護等に
　　関する法律（DV法）　86
バイステック（Biestek, F. P.）　143
博愛事業　48
発達障害者支援センター　86
発達障害者支援法　86
発達段階　10, 133
発達不安　140
バブル崩壊　22
バリアフリー　55
ハローワーク　70
バンク-ミケルセン（Bank-Mikkelsen）　53
ピアソン（Pierson, C.）　72
非営利ボランティア組織　105
引き揚げ者　44
被虐待児　168
非行少年　168
批准　16
非審判的態度の原則　144
被措置児童等虐待対応ガイドラインについて
　　　181
必置資格　163
一人親家庭　32
被保険者（国民）　65
被保護世帯数　70
秘密保持義務　160
秘密保持の原則　145
ピューリタン革命　48
貧困　29
　　──者　74

──線　*34*
　　──層　*192*
　　──の予防　*74*
　　──率　*9, 34*
　　保護者の──　*137*
貧富の差　*49*
ファミリーホーム　*132*
賦課方式　*64*
福祉型　*133*
福祉行財政　*114*
福祉権運動　*53*
福祉コミュニティ　*195*
福祉サービス　*46, 82*
　　──に関する法律　*79*
　　──の利用援助　*196*
　　──への満足感の向上　*108*
福祉施設　*198*
福祉事務所　*83*
福祉人材　*196*
福祉ニーズ　*162*
　　──に対する予防的活動　*198*
福祉8法　*79*
福祉は人なり　*170*
福祉文化の創造　*79*
福祉6法　*80, 119*
父子家庭　*33*
婦人相談所　*86*
婦人保護施設　*120*
二葉幼稚園　*12*
富裕層　*192*
プランニング（個別援助計画の立案・作成）
　　147, 150
不良行為　*132*
フレーベル（Fröbel, F.）　*12*
文化的生活要求（Cultural Needs）　*8*
平均寿命　*19*
べてるの家　*16*
ベバリッジ報告　*9, 50, 72*
保育環境の整備　*36*
保育教諭　*37*
保育士　*10, 59, 136, 158, 160*
　　──の倫理綱領　*161*

保育実習Ⅰ　*119*
保育所　*59, 122, 198*
　　──増設運動　*44*
保育所保育指針　*11, 201*
保育相談支援　*129, 137*
保育体制の整備　*133*
保育に欠ける子ども　*201*
保育の充実　*26*
法定後見制度　*179*
法定受託事務　*82*
防貧機能　*65*
ホームヘルパー　*28*
ホームヘルプ　*184*
ホームレス　*13*
保健医療サービス　*67, 162*
保険基金　*73*
保険原理　*73*
保健サービスに関する法律　*79*
保健師　*198*
保健所　*88*
保健福祉部　*83*
保護施設　*120*
保護者の貧困　*137*
保護の補足性の原則　*70*
保佐人　*179*
母子・父子福祉施設　*120*
母子及び父子並びに寡婦福祉法　*80*
母子家庭　*33*
母子・父子自立支援員　*164*
母子生活支援施設　*101, 122, 130*
母子相談員　*158*
補助人　*179*
保母　*159*
ボランティア　*105*
　　──活動　*55*
　　──元年　*105*
　　──休暇　*105*
　　──グループ　*105*
　　──保険　*105*

　　　　　　　ま　行

マズロー（Maslow, A. H.）　*60*

マルクス（Marx, K.）　2
ミーンズ・テスト（資力調査）　75
三浦文夫　5
民間社会福祉事業者　104
民間シルバーサービス　162
民生委員　197
無拠出　74
無認可保育所　44
名称独占　163
名称独占資格　160
モニタリング（経過観察報告）　147, 151

や　行

山田わか　42
有料老人ホーム　128
ユニバーサルデザイン　55
揺りかごから墓場まで　50
養育・支援の基本　133
養育環境　167
養育者　139
養育上の問題の増加　171
養育能力の欠如　133, 137
養育力の低下　171
要介護　89
　——状態　69
　——認定　69
養護内容　131
要支援　89
要保護児童　168
欲求段階説　60
予防給付　70, 79

ら・わ　行

ライフスタイル　114
利益追求　9

離婚　167
リストラ　22
リッチモンド（Richmond, M.）　51
療育不安　141
利用型施設　120, 122
利用（契約）制度　87, 93
利用者の自己決定の原則　144
利用者のニーズ把握　110
利用者への周知　111
療養給付　68
隣保館　128
倫理綱領　158, 182
累進課税方式　63
冷静な判断力　138
レッセフェール　62
連携とネットワーク　167
老化　89
労災保険　65
労使関係の破綻　22
老人福祉施設　120
老人福祉指導主事　158
老人福祉センター　128
老人福祉法　80
労働基準監督署　68
労働者災害補償保険　68
労働者の派遣制度　23
労働賃金　23
労働力　61
　——の再生産　63
老齢基礎年金　66
老齢給付　66
老齢年金　50
老老介護　31
ワーキングプア労働者　13

■執筆者一覧（＊は編著者，執筆順）

＊大塚　良一（おおつか　りょういち）	編著者紹介参照	はじめに，第1章，おわりに
＊小野澤　昇（おのざわ　のぼる）	編著者紹介参照	第2章
野島　正剛（のじま　せいごう）	こども教育宝仙大学こども教育学部教授	第3章
畠中　耕（はたけなか　こう）	神戸医療福祉大学社会福祉学部准教授	第4章
岩崎　裕一（いわさき　ゆういち）	関東短期大学こども学科教授	第5章
浅川　茂実（あさかわ　しげみ）	武蔵野短期大学幼児教育学科准教授	第6章（第1・2節）
八木　玲子（やぎ　れいこ）	東京成徳短期大学幼児教育科准教授	第6章（第3・4節）
荻野　基行（おぎの　もとゆき）	東京福祉大学社会福祉学部准教授	第7章
＊田中　利則（たなか　としのり）	編著者紹介参照	第8章
橋本　理子（はしもと　あやこ）	城西国際大学福祉総合学部助教	第9章
本山　芳男（もとやま　よしお）	千葉敬愛短期大学非常勤講師	第10章
大屋　陽祐（おおや　ようすけ）	育英短期大学保育学科専任講師	第11章

〈編著者紹介〉

大塚良一（おおつか・りょういち）

　1955年　生まれ
　　　　　埼玉県社会福祉事業団寮長，武蔵野短期大学幼児教育科准教授を経て，
　現　在　育英大学教育学部教授，社会福祉士，介護福祉士，介護支援専門員。
　主　著　『保育士のための社会福祉』（編著，大学図書出版），『保育士のための養護原理』（共著，大学図書出版），『保育士のための養護内容』（共著，大学図書出版），『子どもの生活を支える社会的養護』（編著，ミネルヴァ書房），『子どもの生活を支える社会的養護内容』（編著，ミネルヴァ書房），『子どもの生活を支える家庭支援論』（編著，ミネルヴァ書房），『保育の今を問う児童家庭福祉』（共著，ミネルヴァ書房），『保育の今を問う保育相談支援』（共著，ミネルヴァ書房），『保育の基礎を学ぶ福祉施設実習』（編著，ミネルヴァ書房）。

小野澤昇（おのざわ・のぼる）

　1949年　生まれ
　　　　　社会福祉法人はるな郷知的障害者更生施設こがね荘施設長，関東短期大学初等教育科助教授，東京成徳短期大学幼児教育科教授を経て，
　現　在　育英短期大学保育学科教授，臨床心理士，福祉心理士。
　主　著　『保育士のための社会福祉』（編著，大学図書出版），『子どもの養護』（共著，建帛社），『新しい時代の社会福祉施設論（改訂版）』（共著，ミネルヴァ書房），『子どもの生活を支える社会的養護』（編著，ミネルヴァ書房），『子どもの生活を支える社会的養護内容』（編著，ミネルヴァ書房），『子どもの生活を支える家庭支援論』（編著，ミネルヴァ書房），『保育の今を問う児童家庭福祉』（共著，ミネルヴァ書房），『保育の今を問う保育相談支援』（共著，ミネルヴァ書房），『保育の基礎を学ぶ福祉施設実習』（編著，ミネルヴァ書房）。

田中利則（たなか・としのり）

　1953年　生まれ
　　　　　社会福祉法人富士聖ヨハネ学園棟長，武蔵野短期大学幼児教育学科准教授を経て，
　現　在　ソニー学園・湘北短期大学保育学科教授，社会福祉士，介護支援専門員。
　主　著　『養護原理』（共編著，大学図書出版），『養護内容』（共編著，大学図書出版），『子育て支援』（共編著，大学図書出版），『養護内容の基礎と実際』（共編著，文化書房博文社），『子どもの生活を支える社会的養護』（編著，ミネルヴァ書房），『子どもの生活を支える社会的養護内容』（編著，ミネルヴァ書房），『子どもの生活を支える家庭支援論』（編著，ミネルヴァ書房），『保育の今を問う児童家庭福祉』（編著，ミネルヴァ書房），『保育の今を問う保育相談支援』（編著，ミネルヴァ書房），『保育の基礎を学ぶ福祉施設実習』（編著，ミネルヴァ書房）。

子どもの生活を支える
社会福祉

2015年3月10日　初版第1刷発行	〈検印省略〉
2019年2月1日　初版第5刷発行	

定価はカバーに
表示しています

	大　塚　良　一
編著者	小 野 澤　　　昇
	田　中　利　則
発行者	杉　田　啓　三
印刷者	中　村　勝　弘

発行所　株式会社　ミネルヴァ書房
607-8494 京都市山科区日ノ岡堤谷町1
電話代表　(075)581-5191
振替口座　01020-0-8076

© 大塚・小野澤・田中ほか，2015　　中村印刷・清水製本

ISBN978-4-623-07244-6
Printed in Japan

馬場茂樹監修／和田光一・横倉 聡・田中利則編著	A 5 判・264頁
保育の今を問う児童家庭福祉	本体2,800円

福田公教・山縣文治編著	A 5 判・186頁
児童家庭福祉〔第 4 版〕	本体1,800円

和田光一監修／田中利則・横倉 聡編著	A 5 判・268頁
保育の今を問う保育相談支援	本体2,600円

小野澤 昇・田中利則・大塚良一編著	A 5 判・280頁
子どもの生活を支える社会的養護	本体2,500円

山縣文治・林 浩康編	B 5 判・220頁
よくわかる社会的養護〔第 2 版〕	本体2,500円

小池由佳・山縣文治編著	A 5 判・200頁
社会的養護〔第 4 版〕	本体1,800円

小野澤 昇・田中利則・大塚良一編著	A 5 判・336頁
子どもの生活を支える社会的養護内容	本体2,600円

小木曽 宏・宮本秀樹・鈴木崇之編	B 5 判・250頁
よくわかる社会的養護内容〔第 3 版〕	本体2,400円

小野澤 昇・田中利則・大塚良一編著	A 5 判・304頁
子どもの生活を支える家庭支援論	本体2,700円

小野澤 昇・田中利則・大塚良一編著	A 5 判・296頁
保育の基礎を学ぶ福祉施設実習	本体2,600円

——— ミネルヴァ書房 ———
http://www.minervashobo.co.jp/